L'ORNEMENTATION

DU MOYEN AGE

OU

COLLECTION D'ORNEMENTS

ET DE PROFILS REMARQUABLES

TIRÉS DE L'ARCHITECTURE BYZANTINE ET DU STYLE GERMANIQUE.

II.

IMPRIMÉ PAR PLON FRÈRES, RUE DE VAUGIRARD, 36.

L'ORNEMENTATION

DU MOYEN AGE

OU

COLLECTION D'ORNEMENTS

ET DE

PROFILS REMARQUABLES

TIRÉS DE L'ARCHITECTURE BYZANTINE ET DU STYLE GERMANIQUE;

PAR

CHARLES HEIDELOFF,

Architecte, professeur d'architecture à l'École royale polytechnique; conservateur des monuments historiques du moyen âge de Nuremberg; chevalier de l'ordre royal bavarois du Mérite de Saint-Michel, de l'ordre portugais royal et militaire de la Conception de Marie de Villa-Vicosa, de l'ordre de Saxe et de l'ordre de Léopold de Belgique; membre du comité historique de la Franconie centrale et inférieure pour l'investigation de la langue et des antiquités nationales de Leipsig; membre du Comité d'émulation industriel de Prague; membre du Comité des antiquités de Henneberg à Meiningen; membre honoraire du Comité d'antiquités wurtembergeois, et correspondant du ministère de l'instruction publique de France pour les travaux historiques, etc., etc.

DEUXIÈME VOLUME.

PARIS,

M. DEGETAU ET Cie,

PLACE DE LA BOURSE, 12.

1846

NOTE BIOGRAPHIQUE

SUR L'AUTEUR DE L'ORNEMENTATION.

L'auteur de cet ouvrage, Charles-Alexandre Heideloff, est né à Stuttgart en 1783. Son père était architecte, peintre et sculpteur. Charles Heideloff commença ses études à l'académie des Beaux-Arts de sa ville natale et eut pour maîtres d'abord son père et ensuite Scheffhauer et Dannecker. Plus tard il étudia l'architecture sous le chevalier de Seele et l'architecte Arzel. Dès son début dans les études, Charles Heideloff manifesta une prédilection toute particulière pour la belle et grande architecture des différents siècles du moyen âge. A cette époque d'une indifférence universelle pour le style de nos grands monuments nationaux, notre auteur sut lire et comprendre leur profonde signification, leur supériorité et leur noblesse, et depuis, son admiration pour ces édifices ne fit que se développer et se fortifier. Il a le mérite d'avoir concouru d'une manière puissante à l'étude de nos édifices chrétiens, d'en avoir expliqué la valeur et d'avoir cherché par tous les moyens possibles à les restaurer et conserver à la postérité. Et il a le bonheur de voir ses nobles tentatives couronnées d'un plein succès.

Nommé à trente ans, en 1818, architecte de la ville de Nuremberg, il continua sans interruption et avec un zèle infatigable ses études sur les styles si variés de l'architecture du moyen âge en Allemagne. Il éleva le tombeau de Georges-Charles baron de Fechenbach, dernier évêque de Bamberg, dans la cathédrale de cette ville, et à cette occasion il montra un goût pur et élevé et il sut appliquer avec bonheur le fruit de ses consciencieuses recherches.

En 1822 Charles Heideloff fut nommé professeur à l'École polytechnique de Nuremberg, qu'il avait fondée et dirigée d'abord à ses frais. Après avoir entrepris de nombreux et longs voyages tant à l'étranger qu'à l'intérieur de l'Allemagne, il commença à exercer son art comme architecte praticien. On rencontre en Allemagne un grand nombre de monuments dans lesquels il existe de ses œuvres, et dans les genres les plus divers. Il fit exécuter d'après sa composition le beau rétable neuf de l'autel de Saint-Sébalde de Nuremberg ; il restaura dans la même ville le célèbre puits dit de Durer, la façade de la belle église Notre-Dame et l'église Saint-Jacques. Tous ces travaux, dirigés avec une grande conscience, un talent distingué et beaucoup de science, témoignent de son bon goût et de la connaissance profonde qu'il a su acquérir des différents styles d'architecture du moyen âge. Il fut encore chargé de rendre son ancien aspect à la maison de M. Plattner à Nuremberg.

Ce n'est pas en Bavière seulement que l'auteur de l'*Ornementation* fut appelé à exercer sa noble profession. A Reinhardsbrunn, dans la principauté de Gotha, il éleva le château du Souverain ; à Cobourg, la salle des Chevaliers dans le vieux château. Les châteaux de Landsberg et d'Altenstein, la chapelle sépulcrale de Meiningen, le petit château de Rosenburg, auprès de Bonn, témoignent de ses talents et de la confiance qu'on lui a accordée. Il restaura encore le château de Lichtenstein ainsi que la belle chapelle du château de Rheinstein, près de Bingen, sur le Rhin. Mais c'est la restauration entière et complète de la cathédrale de Bamberg, qui est un de ses ouvrages capitaux.

Le roi de Bavière, amateur passionné et appréciateur éclairé des beaux-arts, voulant reconnaître d'une manière éclatante les services rendus par Charles Heideloff à l'étude et à la conservation des monuments du moyen âge, le nomma en 1837 conservateur des monuments historiques de Nuremberg et de ses environs. Dans cette nouvelle fonction il sut prévenir quantité de destructions d'œuvres des temps passés, en faire sortir de l'obscurité un grand nombre, et ces circonstances ajoutent encore à son mérite d'architecte et d'antiquaire.

Il y a peu d'années Charles Heideloff fut appelé à restaurer les églises de Saint-Sébalde et de Saint-Laurent de Nuremberg ; il éleva aussi le tombeau du général Bystrœm à Kissingen.

Ces divers travaux de construction, cette belle et nombreuse série de restaurations d'édifices du moyen âge et de la renaissance ne lui firent pas négliger la peinture, à laquelle il s'était livré comme jeune homme. Charles Heideloff a peint plusieurs portraits et il a su acquérir une certaine distinction dans ce genre. Il a surtout à un haut degré la mémoire des personnes. En se promenant avec Gœthe, il esquissa le portrait du grand poète en rentrant chez lui, et ce portrait est un des plus ressemblants. On a également de lui des compositions de paysages et plusieurs gravures. Malgré ses nombreux travaux comme architecte praticien, il a constamment continué ses études et ses recherches sur la théorie et l'histoire de son art, et il a publié un grand nombre d'ouvrages en langue allemande, parmi lesquels nous citerons les suivants : *La science des ordres*, Nuremberg, 1827. — *Les moulures architectoniques, leur construction, leur composition et leur ornementation*, in-fol., 1831. — *Le petit Vignole*, Nuremberg, 1832. — De 1832 à 1837, *Le menuisier du bâtiment et l'ébéniste*, in-4°. — *L'art de crépir les murs*, 1835. — *Le petit Grec*, 1836. — *Le petit Byzantin*, 1837, joli petit volume qui a eu l'honneur d'une seconde édition en 1841. Il se compose de trente-six planches gravées au trait et d'un texte explicatif de vingt-quatre pages. — *Les monuments du moyen âge de Nuremberg*, in-4°, 1838. — *L'autel chrétien considéré sous le rapport de l'art et de l'archéologie*, in-fol. 1837. — *La loge maçonnique au moyen âge en Allemagne*, in-4°, 1844. En 1838 enfin il commença la publication par livraisons de son grand ouvrage de l'*Ornementation*.

Nous laisserons à nos lecteurs l'appréciation de ce beau livre, dont le succès est aussi grand en France qu'en Allemagne et en Angleterre. Dans cette utile publication, l'auteur a fait preuve de son bon goût et de sa science dans le choix heureux des sujets qu'il a donnés dans son œuvre. On admirera la parfaite exécution des planches curieuses si bien classées et si fidèlement reproduites sous la direction de l'auteur.

Ce n'est pas seulement aux architectes que l'*Ornementation* sera utile. Ce livre sera encore d'un puissant secours aux peintres d'histoire, aux peintres décorateurs, aux sculpteurs, aux ornemanistes, aux orfèvres. L'antiquaire s'en servira aussi bien que l'historien. Les amateurs des arts du moyen âge enfin pourront facilement y apprendre la science pour classer chronologiquement les édifices qui s'offrent à leurs regards. Car l'étude des détails sert puissamment à fixer le style et la date de l'ensemble. L'auteur peut être fier des services qu'il a rendus à l'étude de l'architecture et de la sculpture du moyen âge et de la renaissance ; il peut être satisfait des succès qui viennent encore tous les jours couronner ses beaux et consciencieux travaux. Dès sa publication l'*Ornementation* a reçu un accueil bienveillant et mérité de la part du public français. L'édition allemande ornait déjà beaucoup de nos bibliothèques publiques et particulières. L'édition française, dont le premier volume a paru au commencement de l'année 1846, a rendu le livre de M. Heideloff encore plus populaire parmi nos artistes français. Il serait à désirer que nous vissions bientôt paraître chez nous un livre semblable à l'*Ornementation*, qui mettrait enfin en évidence toutes nos richesses monumentales. Fait avec autant de science, de bon goût et de soins que le livre que nous avons devant les yeux, son succès serait assuré. Car on a enfin compris la nécessité d'étudier nos antiquités nationales.

L'auteur de l'*Ornementation* a plusieurs fois cité les dessins communiqués par Alfred Heideloff, son cousin. Ce jeune artiste, né à Weimar en 1802, mourut à Paris le 18 septembre 1826, à peine âgé de vingt-quatre ans. Il était fils de Charles Heideloff, peintre de la cour de Weimar. A l'âge de treize ans il eut le malheur de perdre son père qui se tua en tombant d'un échafaudage. Notre jeune artiste continua ses études sous la direction de l'architecte Steiner, et il se voua spécialement à la peinture de décors. En 1824 il alla à Dresde, où il perfectionna son talent. A son retour de Saxe il exécuta plusieurs décorations remarquables pour le théâtre de Weimar, qui eurent la pleine et entière approbation des artistes et des connaisseurs.

Le grand-duc de Weimar, dont la famille a toujours été une bienveillante protectrice des arts et des artistes, grand appréciateur lui-même d'un talent solide et réel, envoya à Paris, à ses frais, en 1826, le jeune Alfred Heideloff, pour y terminer son éducation d'artiste. Saisi et pénétré d'une vive et profonde admiration pour toutes les belles œuvres d'art qu'il étudia à Paris, [illegible] et sans appel pour les artistes de tous les genres, entraîné à un travail extraordinaire, ses facultés furent surexcitées à un tel point qu'il fut atteint d'une fièvre cérébrale qui l'enleva [illegible] jeune aux arts et aux [illegible] qu'il avait laissés dans sa patrie, aussi bien qu'à ceux qu'il avait su acquérir à Paris par son mérite et l'affabilité de son caractère. Il fut élève de notre célèbre et bon Cicéri, qui n'a point oublié le jeune artiste étranger.

Les portefeuilles d'Alfred Heideloff contenant la plus grande partie de ses esquisses et de ses études sont conservés à la bibliothèque de Weimar.

Paris, le 31 mai 1846.

DANIEL RAMÉE.

L'ORNEMENTATION

DU MOYEN AGE.

EXPLICATION DES PLANCHES.

HUITIÈME LIVRAISON.

STYLE BYZANTIN.

PLANCHE PREMIÈRE.

Fig. *a*. Tombeau de Louis-le-Sauteur, comte de Thuringe, placé dans l'ancien et célèbre couvent de l'ordre de Saint-Benoît de Reinhardsbrunn, en Thuringe, à trois heures de distance environ de Gotha, au pied de la montagne d'Inselberg, sur la petite rivière la Hœrsel.

Il n'entrait point dans le plan primitif de cet ouvrage d'y admettre des planches représentant des tombeaux; mais, comme à certaines époques du moyen âge les costumes sont pour ainsi dire inséparables de l'ornementation, que les monuments sépulcraux sont conçus dans un style où les ornements dominent puissamment, qu'enfin les artistes des temps modernes sont souvent obligés de représenter des figures encadrées et enchâssées dans une riche ornementation, qu'il est surtout indispensable de procéder habilement dans cette conception, d'y rendre l'esprit et le caractère des modèles qu'on choisit pour s'en inspirer, nous nous sommes décidé, après de mûres réflexions, à publier aussi dans ce recueil des monuments sépulcraux, d'autant plus qu'en agissant ainsi, nous pensons satisfaire aux vœux de la majeure partie de nos lecteurs.

Ce monument du comte Louis, aussi remarquable sous le point de vue de l'art qu'il l'est sous le rapport historique, ouvrira la série que composeront peu à peu une suite de monuments du même genre. Ce tombeau se trouve, ainsi que plusieurs autres, adossé à une très-ancienne chapelle qui menace ruine, et malheureusement il n'est point à l'abri de la pluie. Mais il y a lieu d'espérer que cette chapelle sera bientôt convertie en une église qu'on doit élever en style byzantin, et alors ces monuments y trouveront une place digne du mérite qu'ils offrent. Dès l'année 1829, nous avons déjà remis entre les mains des autorités les dessins et les projets pour la restauration et l'embellissement de Reinhardsbrunn, propriété charmante du duc régnant de Saxe-Cobourg-Gotha, et parmi ces dessins se trouvent aussi deux projets pour la restauration de la chapelle.

Le monument qui nous occupe est exécuté dans le style du XIe siècle en pierre fine et durable; la base et la légende sont malheureusement fort endommagées; on y lit encore assez facilement l'inscription suivante :

« Anno Domini MC. XXIII. II nonas mayi. Ludewig secund comes Thüringon hujus ecclesiæ, fundatur nostri S. Bend'onis monachus. »

Ce tombeau ainsi que ceux qui l'accompagnent sont évidemment fort anciens, quoique quelques antiquaires, ignorant le style et l'esprit de l'architecture de ces temps-là, aient voulu les faire passer pour des œuvres plus ou moins modernes. Mais de véritables connaisseurs ne peuvent s'y tromper (1). Après la destruction du couvent en 1525, lors de la fameuse révolte des paysans, ces pierres tumulaires furent retrouvées et transportées par l'électeur Frédéric Ier ou par son malheureux fils dans la forteresse de Grimmenstein, près de Gotha, où elles furent soigneusement conservées. Ce château fort fut détruit en 1566, ensuite rebâti en 1643 par Ernest-le-Pieux, qui lui donna le nom de Friedenstein. C'est à cette occasion que ces tombes furent retrouvées parmi les ruines, transportées à Reinhardsbrunn et élevées dans la chapelle où elles se trouvent encore.

L'on voit aussi à Reinhardsbrunn, indépendamment du tombeau de Louis, ceux de sa femme Adélaïde, du landgrave Louis Ier, surnommé le Bardé-de-fer, de Jutta sa femme, sœur de l'empereur Frédéric Barberousse, du landgrave Louis II, surnommé le Bon, du landgrave Louis III, le Saint, du landgrave Hermann II, le Jeune, du margrave Frédéric à la joue mordue, de ses deux fils et de sa femme Élisabeth.

Tous ces monuments, que nous dessinâmes en 1828, pendant un séjour de trois mois

(1) On a pensé que ces monuments étaient l'ouvrage d'un moine nommé Érasme Postar, qui avait la réputation d'un sculpteur distingué, et qui les aurait terminés peu de temps après l'incendie du couvent arrivé en 1292. Comme cet événement a eu lieu sous le règne d'Albert-le-Mauvais et que Frédéric avec le surnom de la joue mordue mourut en 1325, il est probable que le moine en question est en effet l'auteur des deux derniers tombeaux, ceux de Frédéric et d'Élisabeth sa femme, dont le style diffère sensiblement de celui des autres, qui sont évidemment plus anciens.

à Reinhardsbrunn, sont de précieux restes de l'art du moyen âge et que nous comptons publier successivement dans les livraisons suivantes.

Notre grand et célèbre poète et archéologue allemand Göthe, que nous allâmes visiter à cette époque à Weimar et auquel nous montrâmes nos dessins, prit un tel intérêt à notre travail et à nos recherches, qu'il conçut le projet de composer quelques pages sur Reinhardsbrunn et ses anciens tombeaux, projet que la mort l'empêcha d'exécuter.

Reinhardsbrunn est situé dans la partie la plus pittoresque de la forêt de Thuringe, au fond d'une délicieuse petite vallée, ombragée par de magnifiques groupes d'arbres dont les rameaux séculaires se réfléchissent dans les flots limpides d'une quantité de petites nappes d'eau pittoresquement jetées çà et là. Plus on approche de l'ancien monastère, qui est aujourd'hui l'habitation du duc régnant, plus le paysage s'embellit, plus est-on frappé aussi de la grandeur de ce site à la fois si riche et si sauvage, et autrefois si célèbre par l'église et le couvent qu'on y découvrait et qui jouèrent un grand rôle dans l'histoire politique et littéraire du moyen âge. L'église et le couvent n'existent plus; l'artiste peut seul faire renaître dans son imagination leurs formes vénérables et secouer la poussière qui les recouvre. Selon d'anciennes descriptions, l'église était ornée de deux tours, et ressemblait très-probablement au modèle que son fondateur, le comte Louis, tient à sa main, ainsi qu'il est représenté sur son tombeau. En fouillant le terrain du monastère on trouva les vestiges de la nef de l'église et du cloître; on découvrit également plusieurs tombeaux et bon nombre de sculptures fort remarquables. Le choix de l'emplacement prouve le bon goût et les sentiments religieux du fondateur. Ce lieu retiré, solitaire, et cependant environné de toutes les richesses d'une nature fertile et grandiose, était admirablement choisi pour y établir une communauté religieuse, une demeure de paix, un lieu saint pour la prière.

Vers le milieu et la fin du XVIIIe siècle, vers cette époque de mauvais goût et de vandalisme, les propriétaires de Reinhardsbrunn utilisèrent ces belles ruines comme une carrière de pierre; ils en exploitèrent les matériaux. Cet abus misérable ne cessa de continuer que jusqu'au moment où le pays échut en partage au duc de Saxe-Cobourg-Gotha. Ce prince éclairé, amateur et protecteur des beaux-arts, fit reconstruire Reinhardsbrunn, ou plutôt il éleva sur les ruines des anciennes constructions un château vraiment royal, qui est un chef-d'œuvre de bon goût et le plus bel ornement de la contrée.

La restauration commença par l'habitation du prélat; on la terminera par la construction de l'église. L'auteur de ce recueil a fourni les dessins pour la restauration de ces deux monuments.

Fig. *b*. Ornement d'une rare beauté et que nous avons trouvé en 1816 dans les ruines de l'ancien couvent des Prémontrés d'Adelberg, entre Goppingen et Schorndorff. Ce couvent a été fondé en 1178 par un chevalier nommé Volknand de Stauffen, et confirmé dans son titre religieux par l'empereur Frédéric Barberousse. Il lui était réservé de partager le sort de beaucoup d'autres établissements religieux; car il fut détruit en 1525, lors de la révolte des paysans. Ses ruines témoignent encore de son ancienne splendeur. Nous nous proposons de faire paraître dans d'autres livraisons plusieurs détails tirés de ce célèbre monastère.

Fig. *c*. Cet ornement de l'époque des Hohenstaufen est un fragment de chambranle orné, découvert parmi les décombres du cloître de Reinhardsbrunn. Il a dix pouces ou 0m 26 de large, et date évidemment du temps de la fondation primitive du monastère.

Fig. *d*. Ornement d'une rare beauté, tiré des ruines de l'ancien couvent de l'ordre des Prémontrés de Vessra, non loin de Thémar. Cet ornement date également de l'époque de la fondation primitive du couvent. Vessra était un magnifique établissement religieux élevé en 1130 dans le style byzantin, par le burgrave de Wurzbourg, comte Gottwald de Henneberg et Wasungen, et par sa femme Luitgarde, comtesse palatine du Rhin. L'église fut consacrée par Othon-le-Saint, évêque de Bamberg, ainsi que le retrace l'inscription suivante :

« Anno Domini M. C. XXXV. Bodebaldus comes. Hunc locum, ad altare Beati Petri. Bamberg. Tradidit. »

Ce beau monastère, autrefois lieu de sépulture de la famille princière des comtes de Henneberg, passa dans des mains étrangères bientôt après l'extinction de cette famille, et fut converti en métairie. On dépouilla l'église de ses trésors, on démolit le chœur et le cloître, on alla même jusqu'à détruire la chapelle mortuaire de la famille de Henneberg, chapelle qui était dédiée et qui était sous le patronage de quatorze saints. Nous ferons paraître successivement plusieurs autres ornements de ce monument curieux.

Notre ami, M. Schinkel, directeur des bâtiments de Sa Majesté le roi de Prusse, nous avait plusieurs fois témoigné le désir, peu avant sa mort, et lorsqu'il vint nous voir à Nuremberg, de lever les plans, les coupes et les élévations de cette ancienne église, de faire ensuite les démarches nécessaires auprès du roi pour en obtenir la restauration complète; on y aurait ensuite rassemblé les divers monuments ayant rapport à la famille des comtes de Henneberg et disséminés çà et là.

Fig. *e*. Fragment ayant appartenu à la décoration d'une porte du XIe siècle, trouvé parmi les ruines du célèbre couvent des Bénédictins de Hirschau, dans la Forêt-Noire, royaume de Wurtemberg. Nous ferons paraître plus tard plusieurs des chefs-d'œuvre d'art découverts dans l'enceinte de ce couvent, chefs-d'œuvre qui ont eu à souffrir cruellement de la main des Vandales modernes.

Fig. *f*. Frise tirée du couvent des Herrenbreitungen et de l'époque du célèbre évêque Conrad de Grumbach, de l'année 1225 environ. Cet ornement a été découvert par un de nos anciens élèves, M. George Èberlein, chargé des embellissements du château de Hohenlandsberg, et qui a bien voulu nous en donner communication.

Fig. *g*. Profil de la frise de Herrenbreitungen.

PLANCHE II.

Fig. *a*. Tombeau d'Adélaïde, femme du comte Louis-le-Sauteur (voyez la planche précédente), née comtesse du margraviat de Brandebourg, veuve du comte palatin Frédéric de Saxe, et fondatrice du couvent d'Oldeschleben, près Sachsenbourg. Ce monument se trouve placé dans l'ancienne chapelle à côté de celui de son mari. On y lit l'inscription suivante :

« Anno Dmi M. CXXV. KL decembris Adelhaidis comitissa uxor. Ludewici fundatoris nostri. »

Les lettres de cette inscription sont des majuscules du XIe siècle, et certifient par conséquent la haute antiquité du monument.

Fig. *b*. Ornement remarquable tiré du célèbre couvent de l'ordre de Saint-Benoît de Lorch, près de Saint-Gmuend, en Wurtemberg, fondé sous les Hohenstaufen. (Voyez volume I, IVe livraison, planche Ire, fig. *c*, et le texte page 11.)

Fig. *c*. Bel ornement tiré du couvent de l'ordre de Saint-Benoît, fondé par la famille de Habsbourg, à Muri, ancien comté de Rore, entre Mayenberg et Wallingen, ayant appartenu autrefois à la maison d'Autriche, et faisant actuellement partie du canton d'Argovie, en Suisse.

Cet ornement, qui date environ de l'année 1114, est incrusté dans un mur où nous l'avons trouvé en 1813. Nous le dessinâmes avec plusieurs autres fragments remarquables que nous ferons paraître dans les livraisons suivantes. Le magnifique couvent de Muri vient d'être supprimé il n'y a pas long-temps.

Fig. *d*. Magnifique frise de l'an 1124, tirée du couvent de Denkendorf, dit le Saint-Sépulcre. Ce couvent, autrefois si remarquable, est entièrement dévasté aujourd'hui; il a été fondé par un comte Bertold de Beutelsbach, parent de la maison régnante de Wurtemberg; le comte Bertold fit à ce sujet plusieurs pèlerinages en Terre-Sainte, et il mourut à Botzen en 1143, à son retour de Jérusalem.

Fig. *e*. Ornement remarquable tiré du couvent de l'ordre de Cîteaux, situé près de Donauwœrth, dans la Souabe bavaroise. Ce superbe monastère, qu'on a presque entièrement modernisé de nos jours, avait été fondé en 1133 par le comte Henri de Lechsgmünd et sa femme Luitgarde, comtesse d'Abensperg.

Cet établissement religieux jouissait de la protection toute particulière du pape Lucien II et des ducs de Bavière, dont l'un, le duc Étienne, lui accorda de grands priviléges.

Cet ornement, évidemment de l'époque de la fondation du couvent, était scellé dans un des murs d'une ancienne chapelle, en 1824.

Fig. *f*. Fragment d'un ornement ayant appartenu à l'ancien couvent de l'ordre de Citeaux de Herrenalb, dans la Forêt-Noire, royaume de Wurtemberg, et sur la rivière d'Alb, sur les frontières du duché de Bade. Fondé en 1148 par le comte Bertold d'Éberstein, ce monastère fut ravagé et en partie détruit en 1525, lors de la révolte des paysans. L'ornement dont nous nous occupons se voit dans la plus ancienne partie de l'église, bâtie toutefois dans le style à ogive du XVe siècle.

Fig. *g*. Console appartenant au chœur de l'église de Saint-Jean de Crailsheim, au bord de la Jaxt, sur la frontière du Wurtemberg, non loin de Hall en Souabe. Cette console ainsi qu'une autre dans laquelle on aperçoit une espèce de tête fantastique doivent être classées parmi les plus anciens monuments d'architecture des XIe et XIIe siècles, et prouvent que Crailsheim est une ville beaucoup plus ancienne que ne le prétendent la plupart des chroniqueurs.

Depuis la construction de l'église principale, l'église de Saint-Jean a subi plusieurs modifications: elle avait avant la réformation treize autels ou vicariats, et elle possédait en outre des revenus considérables.

Le comte Craft de Hohenlohe et sa femme Anne firent à Saint-Jean de Crailsheim en l'année 1352 une donation considérable pour la fondation d'une messe à célébrer à l'autel de Sainte-Marie, mère du Sauveur. Cette église était petite dans le principe: en 1214 les gentilshommes des environs se cotisèrent en grand nombre pour faire agrandir l'édifice: et en 1398 on reconstruisit la tour. En l'année 1400 enfin, l'église possédait déjà huit autels.

Avant la réformation, en l'année 1521, et pendant la guerre des paysans, cette basilique essuya une suite d'outrages de la part des révoltés, ainsi que du margrave Georges d'Ansbach, et dont les traces se lisent encore aujourd'hui distinctement. La municipalité de Crailsheim vient d'arrêter la restauration de ce beau monument, et elle nous en a confié l'exécution. Le magnifique autel de Saint-Jean surtout, qui date de l'époque de Michel Wohlgemuth et de Veit Stoss, doit être réparé avec un soin tout particulier et les fenêtres du chœur seront ornées de vitraux peints.

Fig. *h*. Ornement tiré du couvent de Reichenau, situé dans l'île de Reichenau, sur le lac de Constance. Cet ornement se trouve à l'extérieur du chœur de l'église conventuelle. L'église et le couvent offrent au surplus un grand nombre de détails exécutés dans le meilleur goût de l'architecture du temps. Ce monastère, fondé en 724 par saint Primius, évêque de Meaux, pour y établir des moines de l'ordre de Saint-Benoît, a toujours été considéré comme une école distinguée pour la culture des sciences et des arts; c'est encore là que les architectes du moyen âge eurent une de leurs principales loges.

Fig. *i*. Ornement trouvé dans les ruines de l'ancienne église de Reinhardsbrunn.

Fig. *k*. Ornement peint et tiré de l'ancien couvent des religieuses d'Adelshausen, près de Freibourg en Brisgau. Ce monastère, fondé en 1234, était de l'ordre des Dominicains.

PLANCHE III.

Fig. *a*. Encadrement d'une table d'autel portatif (*altaria portatilia; gestatoria; altaria viatica; tabulæ itinerariæ*), faisant partie de la collection de notre cousin, M. Pierre Leven, chef de la maison de Jean-Antoine Farina à Cologne.

Cette relique remarquable, qui date sans aucun doute de l'époque de Charlemagne, représente un cadre en bois qui entoure une table d'autel actuellement brisée. Ce cadre est entièrement recouvert d'une tôle de cuivre d'une assez forte épaisseur, et couvert d'arabesques tout alentour, gravées profondément dans la matière et dorées. Aux quatre coins se trouvent les quatre fleuves sacrés de l'Orient : l'Euphrate, le Tigre, le Gange et le Gehon qui traversait le paradis. Dans le haut et dans le bas, l'on voit des anges ornés d'auréoles, vidant de l'eau d'amphores qu'ils tiennent dans leurs mains. Des deux côtés on a représenté des anges en prière. Le petit autel est recouvert en entier de feuilles de cuivre gravées et dorées. Toutes les figures sont en vermeil.

Il est probable que cet autel a servi pour dire la messe à bord des vaisseaux, et, d'après le caractère de son style, il doit avoir été exécuté au VIIIe siècle, époque où ces autels portatifs devinrent d'un usage habituel.

Les arts et le luxe concoururent alors à enrichir tout ce qui tenait au culte, et ces autels portatifs de toutes dimensions le prouvent d'une manière irrécusable. Ce meuble remplaçait non-seulement une église dans les lieux où l'on ne pouvait en bâtir, mais les princes et les barons s'en servaient encore pendant les campagnes qu'ils faisaient sur terre et sur mer, et les missionnaires eux-mêmes en faisaient également un usage constant. Afin que le transport en fût plus facile, on imagina de se servir, au lieu de véritables autels, de pierres ou tablettes consacrées d'un pied de longueur sur six ou sept pouces de largeur ou tout à fait carrées. Ces petites dalles, exclusivement préparées pour cet usage, étaient souvent ornées de reliques et ordinairement enchâssées dans un cadre en bois. Aussitôt qu'une telle pierre se fendait, elle ne pouvait plus servir au culte.

Fig. *b*. Fragment d'un écrin en ivoire, datant du XIIe siècle, représenté de grandeur naturelle et appartenant à l'auteur. M. Joseph de Reuter, professeur à Bamberg, possède une belle collection de sculptures sur ivoire des Xe, XIe et XIIe siècles, ayant probablement presque toutes appartenu à des reliquaires et à des écrins.

PLANCHE IV.

Fig. *a*. Chaise curieuse, achetée en Hollande par le grand-duc régnant de Saxe-Weimar pour être placée au château de la Wartbourg. Cette chaise est en chêne et a la forme d'un trône; les détails qui l'ornent indiquent qu'elle date du xiiie siècle. Quelques-uns de ces détails ont sans doute une signification diplomatique, un sens héraldique, car des deux côtés, au-dessus des accottoirs, on voit un lion et un aigle. Or, dans l'ouvrage intitulé : *Olivarii Vredii genealogia comitum Flandriæ*, l'on trouve plusieurs sceaux de Guillaume de Hollande, empereur romain, sur lesquels on voit le lion et l'aigle; le sceau de la sœur de ce prince, de la célèbre Adélaïde, porte aussi un aigle à droite et un lion à gauche avec l'inscription suivante :

« S. Aelydlis sororis Dni Will. reg. rom. et uxor, quondam Dni, Johannis de Avenis. »

Si l'on prend en considération la province dans laquelle cette chaise a été trouvée et achetée, si l'on examine de plus le style de ses ornements et ses emblèmes, on ne sera pas long-temps dans l'incertitude sur l'époque d'où date ce meuble ni sur sa destination. Il a appartenu sans aucun doute au comte Guillaume de Hollande, élu empereur des Romains le 29 septembre 1247, couronné le 1er novembre de la même année et mort le 28 février 1256. Quoique dépossédé, Guillaume continua toujours à porter le titre d'empereur.

Ce curieux monument est encore remarquable en ce que Guillaume, son ancien propriétaire, était l'ami du dernier landgrave de Thuringe, Henri Raspe, son rival, qui habitait toujours la Wartbourg, où il mourut aussi. Le comte Guillaume hérita de lui ses prétentions à la couronne.

Ce meuble curieux et historique est devenu, par un singulier hasard, un des ornements les plus remarquables de l'intéressant château de la Wartbourg (1), que le grand-duc actuel,

(1) L'auteur possède un petit dessin sur parchemin de l'année 1115, représentant la Wartbourg telle qu'elle était anciennement, et il existe, dans la galerie de tableaux de la chapelle de Saint-Maurice de Nuremberg, un tableau de Lucas Cranach, qui représente également l'ancien château dans un bon état de conservation. Il est probable que Cranach peignit ce tableau à l'instigation de son ami Luther pour l'électeur de Saxe, Frédéric-le-Sage. On voulait peut-être que ce prince, qui ne paraissait pas très-porté pour la nouvelle doctrine, qui menaçait même d'en devenir un des plus puissants antagonistes, fût ébranlé dans ses convictions par la vue de ce tableau; on voulait peut-être par là le gagner à la réformation. La composition de ce tableau semble être un peu forte et hardie, car on y représente la Wartbourg au pied de laquelle Frédéric tombe de cheval : il élève les mains aux cieux. Au-dessus du château Dieu même apparait et prononce les mots célèbres des Actes des apôtres, chapitre IX, vers. 3 et 4 : « Saul, Saul, pourquoi me persécutez-vous? » L'électeur et sa compagnie effrayée sont des portraits.

amateur zélé des beaux-arts, fait restaurer en ce moment. Il est seulement à désirer que le bon goût présidera à cette restauration, et qu'elle sera entreprise dans un style aussi correct et aussi pur que celle en exécution au château de Cobourg.

STYLE GERMANIQUE (GOTHIQUE).

PLANCHE V.

Fig. a. Fonts baptismaux de l'église de Grimmenthal, dans le duché de Meiningen, anciennement célèbre comme un lieu particulier de pèlerinage. Ce monument n'existe plus. Notre planche nous a été communiquée par un de nos élèves, M. G. Éberlein, architecte et peintre-décorateur.

Il n'existe plus de l'église de Grimmenthal qu'une ancienne inscription scellée dans une muraille, et les armoiries de son fondateur, le prince et comte Guillaume IV. Le grand tilleul qu'on admire encore est sans doute celui sous lequel on voyait l'image de la Vierge et qui faisait autrefois l'objet du pèlerinage des fidèles. La légende rapporte qu'un chevalier malade, s'étant agenouillé devant cette image, obtint sa guérison par l'intercession de la mère du Sauveur, et, depuis cet événement, des milliers de pèlerins accoururent de toutes parts pour implorer au pied de cette image miraculeuse la santé et l'accomplissement de leurs vœux. Les riches présents offerts par la piété, les dons de la reconnaissance, fournirent bientôt les moyens d'élever une église qui surpassa en richesse et en magnificence tous les autres lieux saints de pèlerinage ; mais il vint un moment enfin où la réformation leva son étendard, où elle l'agita aussi dans les vallées paisibles où se trouvait cette église : les hordes sauvages qui le suivirent et qui avaient adopté la nouvelle doctrine, méconnurent les intentions et les idées de leur chef et maître. Elles crurent sans doute que le mot de réformation signifiait destruction et violation de tout ce qui avait été regardé comme beau et sacré, de tout ce qui appartenait au culte de l'Église romaine, leur ennemie ! L'église et le couvent, soudain délaissés par les pèlerins, furent abandonnés et s'appauvrirent parce qu'on ne leur offrait plus de présents. On négligea les réparations et l'entretien. La décoration intérieure, les vases sacrés et les habits sacerdotaux devinrent la proie des voleurs et de ces bandes de forcenés qui, sous prétexte d'un zèle ardent pour la nouvelle doctrine, commirent toutes sortes d'excès qu'elle était loin d'approuver, mais qu'elle n'avait pas la puissance de réprimer.

C'est ainsi que peu à peu cette pauvre église approcha de l'état de ruine. Les hommes détruisirent impitoyablement ce que le temps avait épargné ; le sanctuaire profané ne fut plus visité par les pèlerins. Le génie de la paix, en voilant sa face, s'enfuit de cette belle et paisible vallée, d'où le tumulte de la guerre avait banni les chants sacrés et le son béni des cloches, et où les sombres tourbillons de l'incendie avaient remplacé la fumée de l'encens qui montait autrefois vers les cieux. La destruction du monastère fut un événement des plus déplorables : les arts perdirent un protecteur actif et zélé, le malheur un asile, la piété un lieu consacré où elle semblait trouver le bonheur en s'y réfugiant. Aujourd'hui tout est anéanti et abandonné : l'imagination de l'artiste cherche à retrouver parmi les ruines de l'édifice profané quelques vestiges de sa splendeur passée, et le voyageur contemple avec émotion le tilleul séculaire, unique témoin d'une grandeur détruite. Il est certain que cette position, dans la vallée romantique et pittoresque de la Werra, au milieu d'une nature riche et grandiose, avait été admirablement choisie pour y élever une église, un monument consacré au culte divin. Car c'est au sein des plus belles œuvres de la création que l'âme se sent le plus disposée à adorer et vénérer le Créateur.

Le monument représenté par notre planche n'a pu également se soustraire à la profanation qui frappe, dans les époques de fanatisme religieux, la plupart des objets destinés au culte.

Un avenir meilleur est peut-être réservé à cette belle contrée si pittoresquement parsemée de beaux villages, et parmi lesquels nous citerons Untermassfeld avec son ancien château, converti en prison de nos jours; Obermassfeld, Belerieth, Vachdorf, Leutersdorf et Einhausen.

Il ne pouvait point échapper au prince-comte Guillaume IV, qui régna de 1480 à 1559, que ce lieu de pèlerinage était destiné à procurer de grands avantages à toute la contrée, et ce fut principalement à lui qu'est due la fondation de l'église, dont la première pierre fut posée le jour de la Trinité de l'année 1498. Beaucoup de seigneurs des environs, et entre autres Heinz Teuffel de Wurzbourg, contribuèrent à l'édification de l'église de Grimmenthal en faisant des donations en l'honneur de la sainte Vierge et de sa mère sainte Anne. Immédiatement après la consécration de l'église, les pèlerins de la Saxe, de la Hesse, de la Franconie et de la Bavière y affluèrent tellement que plus d'une fois on en compta entre trois et quatre cents dans un seul et même jour, et de quarante à quatre-vingt mille par an.

De nos jours encore, sous le règne de la duchesse douairière, les fonts baptismaux de l'église de Grimmenthal furent enlevés du monument profané par ordre d'un employé supérieur, et les derniers restes de l'église furent détruits, pour que les Vandales modernes n'eussent rien à reprocher aux anciens, semble-t-il.

Les fonts reproduits dans cette planche furent fortement endommagés lors de leur translation dans le parc de Herrenberg : la partie inférieure surtout, que nous nous sommes permis de restituer dans notre planche. Pendant la réformation, ou peut-être même plus tard, du temps de la guerre de trente ans, l'on mutila d'une manière indigne les figures de saints qui ornent nos fonts : celle du Sauveur seule fut épargnée.

Pendant les années que ce monument fut déposé dans le parc de Herrenberg, il servit à un usage très-profane, jusqu'à ce qu'enfin M. Dobner, architecte, auteur du château de Hohenlandsberg et de plusieurs autres beaux monuments, réussit alors à attirer l'attention du duc Bernhard sur cet ancien et curieux monument. Par les ordres de ce prince, ami et protecteur éclairé des arts, il fut immédiatement transporté dans la chapelle du château d'Élisabethenbourg, où il restera désormais à l'abri de la profanation et de la destruction.

La cuve baptismale de Grimmenthal, qui date évidemment de l'époque de la fondation de l'église, est simple, exécutée dans un style primitif, mais qui ne manque pas de pureté; la base en est carrée, ainsi que l'indique le plan. Sur cette base s'élève un octogone, dont les huit faces supérieures sont ornées des symboles et des attributs des évangélistes, du Christ sur la croix, de la vierge Marie et de saint Jean. Ces fonts sont en outre enrichis d'ornements qui ressemblent à des arabesques. Les huit faces inférieures, qui s'inclinent vers le pied de la cuve, sont couvertes de figures d'animaux et autres conçues d'une manière assez curieuse. Les panneaux du centre enfin contiennent les figures de saint Cyriaque, de saint Gilles, de sainte Catherine, de sainte Marguerite, de sainte Marie avec l'enfant Jésus, de saint Georges, de saint Blaise et de saint Érasme.

D'après les ordres du duc, ces curieux fonts baptismaux doivent être restaurés avec soin et recevoir enfin une destination digne d'eux.

PLANCHES VI, VII, VIII.

Détails curieux, tirés des stalles du chœur de la chapelle de Saint-Georges, dépendant du château d'Altenbourg, résidence du duc d'Altenbourg. Ces détails remarquables nous ont été communiqués par M. Schmidt, architecte du duc d'Altenbourg, et auquel on doit aussi la conservation de beaucoup de monuments. Nous avons engagé M. Schmidt à publier les dessins et la description détaillée des détails d'architecture contenus dans la belle chapelle de Saint-Georges.

Ces stalles ont été exécutées sous le règne du margrave Guillaume II surnommé le riche et placées dans la chapelle lors de sa fondation, en l'année 1412. Elles sont d'une beauté remarquable et d'une très-grande variété. Il est malheureusement à déplorer que cette chapelle ait été défigurée par les nombreux changements qu'on y a faits, ainsi que par des restaurations sans goût entreprises depuis la réformation. Il était réservé au duc actuel de rendre à ce beau monument son style primitif.

Le château d'Altenbourg, dont la situation est des plus pittoresques, est fort ancien, et, s'il était permis de croire aux assertions de George Spalatin et d'Érasme Stella, sa fondation daterait du temps des Romains, et sa position sur un rocher escarpé viendrait à l'appui de ces conjectures. Il est certain que le nom d'Altenbourg, donné à la ville, bâtie longtemps après le château, dérive du nom de ce château même, qui déjà alors était nommé Alteburg, c'est-à-dire *vieux château*. L'empereur Henri I surnommé l'Oiseleur, entoura en 922 la ville de murs, et plusieurs empereurs, entre autres le grand et célèbre Frédéric Barberousse, lui accordèrent de nombreux priviléges.

Mais ce n'est pas seulement sous le rapport de son antiquité que le château d'Altenbourg offre un grand intérêt historique. Cet intérêt est augmenté par les faits qui s'y sont passés. L'empereur Barberousse y fit plusieurs séjours; et c'est au château d'Altenbourg que ce prince chevaleresque investit le comte palatin Othon de Wittelsbach, son ami d'enfance, son confident intime et frère d'armes et banneret de sa garde, du duché de Bavière, enlevé à Henri le Lion. Indépendamment de ce duché, Othon obtint encore le palatinat de Ratisbonne et l'arrondissement de Kirchheim.

Pendant les années 1297, 1308, 1311, 1403, 1426, 1429, 1444 et 1449, le château et la ville ont eu à souffrir beaucoup par la guerre et le feu, surtout au XVe siècle, lors de la guerre des Hussites, pendant laquelle il se commit une si longue suite de cruautés.

C'est dans ce château qu'en l'année 1455 les deux princes Albert et Ernest, fils de l'électeur de Saxe surnommé le Débonnaire, furent enlevés par le fameux Kunz de Kaufungen et délivrés par le charbonnier Georges Schmidt.

En l'année 1672 le beau pays d'Altenbourg tomba en partage au duc de Saxe-Gotha, et en 1828 au duc de Saxe-Hildburghausen.

NEUVIÈME LIVRAISON.

STYLE BYZANTIN.

PLANCHE PREMIÈRE.

Fig. *a*. Tombeau remarquable couvert d'ornements composés d'entrelacs, et qui se voit sur l'emplacement de l'ancien cloître de l'abbaye de l'ordre de Saint-Benoît de Reinhardsbrunn, et découvert par M. Eberhard, conseiller des bâtiments et architecte à Gotha.

Ce tombeau est très-endommagé. Nous fûmes appelé en 1828 par le duc de Gotha à Reinhardsbrunn pour y diriger les restaurations à faire au château; nous y restâmes pendant trois mois avec notre ancien élève M. Solger, architecte à Nuremberg, M. Rottermund, habile sculpteur d'ornements, et M. Howald de Brunswick, professeur et sculpteur du grand-duc; c'est pendant ce séjour que M. Solger fit la découverte de ce tombeau et qu'il le dessina. (Voyez la VIIIe livraison, l'explication de la planche Ire.)

Fig. *b*, *d*. Ornements peints sur parchemin et tirés d'un Psautier qui date du XIe siècle, ayant appartenu au marchand de curiosités Rittberger de Nuremberg. Les vignettes en étaient très-endommagées. L'ornement *b* a un fond rouge-tuile, le feuillage est vert-clair, rehaussé de jaune-clair, les bordures sont blanches et bleues.

Le fond de l'ornement *d* est bleu; l'ornement lui-même est rose, avec des ombres vertes. Les couleurs de la bordure sont jaune-soufre et rouge-violacé.

Fig. *c*. Ornement trouvé dans le cloître de l'église de l'ancien couvent des Bénédictins d'Ellwangen. On rapporte que ce couvent a été fondé en 764 par Hariolfus et Erlolfus, évêques de Langres en Champagne, confesseurs de Charlemagne, et consacré par eux à saint Salvator, à saint Sulpice et à saint Servilien. Ce beau fragment était encroûté de badigeon, et, pour le dessiner, on fut obligé de le gratter complétement.

Fig. *e*. Ornement de l'époque la plus reculée de l'abbaye des Bénédictins à Heidenheim, dans l'ancien bailliage de Hohentrüdingen, près de la frontière de la principauté d'Œttingen Spielberg. Cette ancienne et magnifique abbaye, bâtie dans le style byzantin et fort célèbre autrefois, renfermait une foule de chefs-d'œuvre d'architecture et autres. Elle avait été fondée en 756 par saint Wunibalde, frère de saint Willibalde, premier évêque d'Eichstädt, tous deux fils de Richard, roi d'Angleterre. (Voyez l'ouvrage intitulé *Bauhütte*, par Heideloff; Nuremberg, 1844).

Fig. *f*. Ornement découvert en 1807 dans l'ancien couvent de Herbrechtingen, dans le royaume de Wurtemberg, et appartenant probablement autrefois à la chapelle de Saint-Verain, située dans ce monastère. Cet établissement, qui ne présente plus guère aujourd'hui qu'un monceau de ruines, fut, dit-on, fondé en 1144 par Frédéric, duc de Souabe, en l'honneur de saint Denis, et desservi par des chanoines réguliers de Saint-Augustin. Toutefois, s'il faut en croire l'excellent ouvrage du savant historiographe M. le professeur Stälin, *Histoire du Wurtemberg*, 1841, ce couvent serait beaucoup plus ancien.

Fig. *g*. Ornement trouvé à Herrieden, petite ville de la Franconie, située au pied du mont Saint-Martin, et que traverse la grande route d'Ansbach. Cet ornement est d'autant plus curieux qu'il date d'une époque dont il ne nous reste que fort peu de monuments.

Le couvent, autrefois si célèbre de Herrieden, a été bâti sous le règne de Charlemagne, et saint Déocare, confesseur de ce prince, en fut le premier abbé. Cet ecclésiastique y était aussi enterré.

Lorsque l'empereur Louis-le-Pieux ravit la ville à Krafft de Hohenlohe, son vassal rebelle, il fit exhumer le corps de saint Déocare, déposé dans un cercueil d'argent, et en fit hommage avec ce dernier à l'église de Saint-Laurent de Nuremberg qui venait d'être construite. Les restes du saint confesseur et évêque furent placés sur l'autel des Apôtres, où ils restèrent jusqu'à l'époque où la ville de Nuremberg fut réunie au royaume de Bavière. Alors le cercueil de saint Déocare fut vendu à des juifs de Fürth, et les cendres du saint homme jetées on ne sait où. Nous nous proposons de publier dans ce recueil une description spéciale et détaillée de ce cercueil.

Fig. *h*. Ornement tiré de l'ancienne abbaye de Feuchtwangen, fondée par Charlemagne, comme le prouve l'inscription suivante, trouvée dans un ancien missel :

« Anno Domini 810 fundata atque dotata est ecclesia collegiata beatæ Mariæ virginis a Karolo M. imperatore, qui obiit postea a. 814, aetatis 72. Climacterico suo 28. Januar. »

Les ruines de l'abbaye de Feuchtwangen offrent encore quantité de détails et d'ornements d'architecture de l'époque la plus reculée. L'ornement que nous donnons ici date sûrement de la fondation de l'abbaye et se voit dans un des murs de la tour ; il est malheureusement en fort mauvais état. Nous comptons donner plus tard dans cet ouvrage plusieurs autres fragments tirés de l'abbaye de Feuchtwangen.

Fig. *i*. Ornement tiré du célèbre couvent de Saint-Gall, et communiqué à l'auteur par son ami, M. Schlatter, peintre, de Schaffouse. Ce magnifique couvent n'a point été épargné par le vandalisme moderne, qui l'a dépouillé de presque tous les chefs-d'œuvre qu'il renfermait.

Fig. *k*. Ornement de style grec, tiré de l'ancienne et magnifique abbaye de Fulda, si célèbre pendant le moyen âge. Lorsqu'on découvrit cet ornement il était tellement recouvert de badigeonnages que, pour le copier, il fallut d'abord gratter les épaisses couches qui l'encroûtaient.

Fig. *l*. Ornement tiré de l'ancienne abbaye de Rheinau ou Rhynau, dans le diocèse de Constance, sur les confins des cantons de Zurich et de Schaffouse, non loin de la chute du Rhin. Ce fragment a été communiqué à l'auteur en 1834 par son ami M. Edmond Scharpe de Lancaster. L'abbaye de Rheinau est historique sous plusieurs rapports. Elle fut visitée par les apôtres de la Suisse, saint Colomban, saint Gall et saint Pirminien, et ce dernier y établit au VIIIe siècle une communauté de Bénédictins. Ce monastère acquit sa primitive célébrité par l'islandais saint Fintan, qui mourut en 878. Ainsi que la plupart des couvents supprimés, celui de Rheinau a été fort maltraité depuis l'époque de sa suppression ; ses trésors ont été abominablement dilapidés, et il paraît qu'il en offrait beaucoup, puisque le savant conseiller Zapf, qui visita ce monastère en l'année 1785, en parle avec enthousiasme.

Fig. *m*. Console de la cathédrale de Reims, dessinée par l'auteur en 1826. A l'occasion du sacre de Charles X, l'intérieur de cette magnifique église fut enduit d'un badigeon jaune, qui la déshonora fortement.

PLANCHE II.

Fig. *a*. Tombeau de Louis IV, surnommé le Bardé-de-Fer, landgrave de Thuringe et de Hesse, qui régna de 1149 à 1172. Il fut inhumé dans le couvent de Reinhardsbrunn, où son tombeau se voit encore. (Voyez planche I et II de la VIIIe livraison.)

Ce tombeau paraît n'avoir été exécuté qu'au XIIIe siècle, car le costume ainsi que les ornements sur les gantelets et les chaussures, etc., appartiennent évidemment à cette époque.

Fig. *b* et *c*. Colonnes appartenant au portail de l'antique église de Saint-Jean de Gmünd en Souabe, datant du IXe ou Xe siècle.

Fig. *d*. Le chapiteau le plus ancien de la cathédrale de Notre-Dame de Paris, communiqué à l'auteur par son cousin, Alfred Heideloff.

STYLE GERMANIQUE (GOTHIQUE).

PLANCHE III.

Fig. *a*. Agrafe épiscopale de grandeur naturelle, communiquée à l'auteur par son cousin, Pierre Leven, de Cologne, propriétaire d'une collection d'antiquités très-curieuse et dans laquelle se trouve ce détail remarquable. Cette belle agrafe, destinée a attacher la chape, est en cuivre fortement doré et garnie de figurines en argent. Sur le revers, entre les deux crochets, on lit l'inscription suivante en vieux allemand :

« Ik Derick wole met ke lhi verdinch de Fibel al van koper te maken conder de verbelden van Colver. »

Ce qui veut dire en français :

Moi Derick j'ai fait faire cette agrafe en cuivre, à l'exception des quatre figures qui sont en argent.

Cette agrafe a été dessinée par M. Elkan Levi de Cologne.

PLANCHE IV.

Fig. *a*. Tombeau de Jutta ou Judith, femme du landgrave Frédéric-le-Bardé-de-Fer et sœur de l'empereur Frédéric Barberousse. Ce monument se trouve à côté de celui de Frédéric à la joue mordue, mais il est beaucoup moins ancien; car, quoique le costume de Judith (consistant en une robe flottante sans ceinture) semble appartenir à une époque plus reculée, la coiffure et le baldaquin ou couronnement soutenu par des anges sont complétement dans le style du XVe siècle et prouvent que le monument entier date de cette époque. Quant à l'exécution, il offre aussi de grandes différences avec celui de Frédéric. Les proportions de la figure principale sont plus raccourcies dans l'original que dans la gravure que nous offrons ici; car nous nous sommes permis de la rectifier légèrement et de lui donner une meilleure proportion; du reste, ce tombeau est extrêmement endommagé.

Il est bien à regretter que Reinhardsbrunn ait perdu son illustre protecteur, le duc Ernest, qui se plaisait à orner ce délicieux séjour avec un goût parfait et un luxe royal. Si Reinhardsbrunn était destiné à ne plus être habité pendant long-temps, si le jeune duc régnant actuel ne s'intéressait plus à cette belle création de son père, il est à craindre que tous ces chefs-d'œuvre d'architecture, conçus en grande partie par le précédent duc lui-même et exécutés avec bonheur par son habile architecte, M. Eberhard fils, il est à craindre, disons-nous, que tous ces objets ne subissent bientôt l'influence pernicieuse du temps et des intempéries de l'air. Les anciens tombeaux qui ne sont point abrités risquent plus encore que le reste de se détériorer complétement.

Si les embellissements et surtout les ornements d'architecture ne sont pas toujours tenus sévèrement dans le style du moyen âge, c'est que le duc, passionné pour l'architecture, aimait ce qui était léger, aérien et féerique; parmi les plans nombreux qui lui étaient présentés, il choisissait toujours celui qui se rapprochait le plus de son goût, d'ailleurs parfait. C'était lui-même aussi qui disposait le mélange des couleurs, sans se soumettre sous ce rapport à aucune règle établie, et il en résultait fréquemment des combinaisons assez bizarres. M. Eberhard, architecte du charmant théâtre de Gotha, finit par connaître et par se plier entièrement au goût et aux insinuations du duc, et il en résulta des œuvres remarquables.

Il est permis d'espérer que le duc régnant, amateur des arts, comme son père, continuera les travaux commencés à Reinhardsbrunn, ainsi qu'il l'a fait des embellissements entrepris par ce dernier au vieux château de Cobourg.

Fig. *b*, *c*. Colonnettes en bois, appartenant à une galerie de la maison S. n° 40, et propriété des héritiers de feu M. François Michel Gessert, négociant à Nuremberg. Cette maison appartenait autrefois à une famille patricienne, et l'on y aperçoit encore plusieurs détails d'architecture très-remarquable. Les galeries en bois de cette maison d'habitation datent de l'année 1516; elles ont été composées par Albert Durer, et portent évidemment le caractère de l'époque de transition appelée renaissance, époque dont nous comptons donner des exemples et des descriptions.

Fig. *d*. Galerie de l'hôtel du Cheval-Rouge (Nuremberg). Cette maison appartient à M. Paul Galimberti, amateur d'antiquités et propriétaire d'une belle collection d'objets curieux.

Fig. *e*. Frise d'une armoire placée dans la sacristie de l'église Saint-Laurent de Nuremberg.

PLANCHES V ET VI.

Suite du « magnifique tombeau » de saint Sebalde, par Veit Stoss; d'après le dessin original sur parchemin en la possession de l'auteur (voyez la VIe livraison, planche IIIe). La fin sera donnée en trois feuilles dans la livraison suivante.

PLANCHE VII.

Fig. *a*. Insignes de l'ordre du Cygne, d'après un tableau de Jean Wagner de Kulmbach, vulgairement nommé Jean de Kulenbach. Nous donnons ici le dessin des insignes de cette décoration à cause de leur remarquable beauté, car tous les ornements présentent un sens symbolique. La chaîne supportée par des anges dans le tableau, est de très-grande dimension et peinte sur or. Les pierres et les cœurs sont émaillés. La signification de l'ordre est exprimée allégoriquement par les détails et les emblèmes. Cet ordre du Cygne fut établi pour le maintien de la pureté des mœurs dont le cygne est le symbole, et pour la répression du vice et l'exercice de la charité chrétienne. Au milieu de riches ornements, ressemblant à des arabesques ou à des lambrequins, on aperçoit une vierge tenant un diamant de la main gauche, symbole du haut prix de la vertu. Au-dessous, au centre d'une auréole de flammes, symbole de la vertu la plus pure, se trouve la sainte Vierge avec l'enfant Jésus; deux anges supportent sa couronne, symbole de la plus haute récompense : plus bas encore, au-dessous de la Vierge, le Cygne, symbole de la pureté, entouré d'un cercle formé par une étoffe dont les bouts sont ornés de franges composées de chaînons entrelacés. Au bout de chacune des franges, pendent, comme symbole des sept Œuvres de charité, sept petites clochettes, dont le son, agréable à l'Éternel, doit sans cesse rappeler à celui qui les porte, de faire le bien sans jamais se lasser. Enfin les cœurs entourés d'une chaîne à moraillons, signifient que le cœur humain doit sans cesse s'ouvrir aux souffrances d'autrui et ne pas rester insensible à tout contact extérieur.

Fig. *b*. Le collier simple de l'ordre du Cygne, tiré d'un ancien tableau représentant : 1° le chevalier Guy de Lentersheim, seigneur de Neuenmur, bailli du margrave de Neustadt sur l'Aisch; 2° la femme de ce personnage. Ils sont tous deux décorés de l'ordre du Cygne. Notre ami M. Louis Zenker, secrétaire des Archives du royaume, a bien voulu nous fournir les renseignements suivants sur cet ancien ordre de chevalerie :

« Je m'empresse de vous communiquer quelques renseignements essentiels sur l'origine, la constitution secrète et publique, le but et l'histoire de la Société de Notre-Dame-du-Cygne, fondée anciennement dans les états héréditaires de la maison de Brandebourg. Ces données pourront vous servir de texte explicatif de la planche représentant le collier porté par les chevaliers de l'ordre. Les documents retrouvés dans les archives, indiquent comme fondateur de la confrérie des Chevaliers, Frédéric II, margrave de Brandebourg, électeur et archichambellan du saint empire romain. Il était le second fils de Frédéric Ier, burgrave de Nuremberg, premier électeur de la maison de Zollern, fondateur de la branche de cette maison nommée branche de la Mark. Comme cause première et essentielle de la fondation de cet ordre, qui exigeait un repentir sincère et une vraie piété, le prince désigne les désordres qui se manifestèrent au commencement du XVe siècle dans l'église et dans la politique du saint empire romain et des états voisins; il désigne encore les troubles et les dissensions qui s'étaient introduits dans la religion. Le margrave, homme éminemment religieux et inébranlable dans sa croyance, craignant pour l'autorité du pape, et désirant affermir en même temps le pouvoir spirituel du Saint-Siége, ainsi que la puissance temporelle des princes, crut pouvoir y parvenir ou du moins y contribuer en fondant un ordre, dont les statuts exigeaient une dévotion particulière à la sainte Vierge, mère de Dieu, dont l'intercession, espérait-il, devait apaiser la colère divine et éloigner de sa patrie les malheurs dont il la voyait menacée. Ce fut donc dans ce but que l'électeur fonda une confrérie composée d'individus des deux sexes, appartenant à des familles princières, composée de comtes et de nobles qui s'engageaient non-seulement à observer les formes et les usages du rituel ecclésiastique, en invoquant continuellement le nom de la sainte Vierge comme patronne de la confrérie, mais qui se soumettaient encore à de sévères exercices de pénitence ainsi qu'à de fréquentes prières propitiatoires pour leur propre édification et le salut de tous les chrétiens. Pour indiquer la pénitence et l'humble contrition des cœurs déchirés, comme la purification de l'âme de tout péché, le collier de l'ordre était composé de cœurs rouges enchâssés dans des pièces de métal dentelées en forme de moraillons. A cette chaîne formée de cœurs, pendait l'image couronnée de la Reine des cieux, tenant dans ses bras l'enfant Jésus et entouré d'une gloire. A ses pieds se trouve un croissant avec les pointes tournées en l'air et les mots de la salutation angélique : « Je te salue, bénie entre les femmes. » Cette image et ses attributs ne demandent aucune explication. Plus bas est suspendue à trois anneaux une sorte de couronne formée par de l'étoffe tordue, dont les bouts sont terminés par des franges ornées de breloques. Dans cette couronne se trouve un cygne qui bat des ailes. Comme ce cygne manque cependant dans plusieurs tableaux où cet ordre est représenté, on peut en conclure, que le motif principal de la décoration n'est point le cygne, mais bien l'image de la sainte Vierge entourée de la gloire céleste. L'étoffe blanche est le symbole de la purification de l'homme entaché de péché; les franges rappellent le souvenir des œuvres de miséricorde du Sauveur, et le cygne, emblème de la pureté, représente ici le symbole qui désigne la noble maison princière à laquelle appartenait le fondateur.

» D'après les documents officiels, l'électeur Frédéric fonda cette société ou congrégation en l'honneur de la sainte Vierge en l'année 1443, lorsqu'il séjournait à l'abbaye d'Alt-Brandebourg. D'après ce nouveau traité sur l'ordre du Cygne (dénomination qui ne se retrouve dans aucun document ancien), il fut fondé même en 1440, et le nombre de ses membres est fixé à trente hommes y compris le fondateur, et à sept femmes, tous de naissance noble.

» Le traité que nous venons de mentionner, nous apprend qu'en 1443 l'électeur Frédéric donna déjà de nouveaux statuts à cette confrérie religieuse, dont le premier siége était à l'abbaye des Prémontrés, située sur une colline près Alt Brandebourg.

» A la prière de son frère le margrave Albert, Frédéric partagea en 1459 la confrérie, qui s'était déjà étendue bien au delà des frontières du pays de Brandebourg, en deux sections, l'une d'en deçà l'autre d'au delà de la forêt de Thuringe. La première, comme la plus ancienne, conserva son siége à Alt-Brandebourg; comme point central, Frédéric assigna à la seconde le chapitre de Saint-Gombert à Onolzbach (Ansbach), qui abandonna à l'ordre la chapelle de Saint-Georges pour y célébrer son culte religieux, y tenir ses assemblées et y enterrer même ses membres. Treize ans après la mort de l'électeur Frédéric II, son successeur le margrave Albert, fit quelques nouveaux règlements pour faciliter l'administration des biens de la Société, dont les revenus étaient distribués à tous ses membres.

» Peu à peu cet ordre religieux s'éteignit par suite des progrès de la réformation que le margrave Albert, grand-prieur de l'ordre Teutonique depuis 1511, et le margrave Georges avaient tous deux embrassée, tandis que le margrave Casimir et le margrave Frédéric leur père restèrent fidèles au culte catholique jusqu'à leur mort et continuèrent à remplir leurs obligations comme membres et défenseurs de la congrégation de Notre-Dame du Cygne. Le margrave Frédéric-le-Vieux, que ses fils Casimir et Georges avaient dépossédé, fut donc, après la mort de son fils Casimir, le dernier prince de la maison de Zollern qui porta les insignes et remplit les devoirs prescrits par les statuts de cet ordre de chevalerie. Il mourut en 1536 et fut enterré, comme ses ancêtres, dans l'église du couvent de Heilsbrunn.

» Dans le cas où ces renseignements ne vous suffiraient pas, je suis tout disposé à vous communiquer de plus amples détails encore. J'ai fourni en 1819 au baron d'Altenstein, ministre de Prusse, une histoire complète de la confrérie de Notre-Dame-du-Cygne, et au commencement de l'année 1842 j'ai adressé au roi de Prusse un rapport détaillé sur différents objets récemment découverts par moi et dont quelques-uns ont rapport à cet ordre religieux.

» Dans une partie des domaines du burgrave de Nuremberg, il existait une autre confrérie religieuse et bien plus ancienne qui s'était placée sous l'invocation de saint Gilles. Une chapelle, dite de la *Sainte-Bruyère*, située sur la route qui mène de

Kadolzbourg à Fuerth, et qui a été détruite en 1593, était le lieu destiné au culte religieux de l'Ordre.

» Les prédécesseurs du margrave Albert avaient laissé cette congrégation dans un état peu satisfaisant : ils n'avaient rien fait pour elle. Albert lui fit avoir la confirmation du pape et des indulgences plénières. Il se fit recevoir lui-même dans cette congrégation et la plaça, en outre de son ancien patron, sous le vocable des quatorze saints dont on invoque l'assistance. Hommes et femmes ainsi que les personnes de tous les états pouvaient entrer dans cette congrégation, dont le but principal était de favoriser et d'activer le culte en général, comme aussi de faire des prières pour le salut des âmes des frères et sœurs décédés. En l'année 1535, la confrérie possédait encore de beaux revenus, fruit de donations faites par le margrave Albert (mort en 1486) et par plusieurs autre pieux bienfaiteurs qui s'étaient fait recevoir membres de l'Ordre.

» Les insignes de la confrérie de la Sainte-Bruyère, que tous les membres étaient obligés de porter, consistaient en une chienne ayant le cou traversé par une flèche ; le tout en argent et suspendu à une croix d'or.

» J'ajouterai qu'il existe un ancien livre imprimé qui ne contient que les prières des membres de la confrérie de la Sainte-Bruyère ; c'est là tout ce que je puis vous communiquer relativement à cet ordre. Je serais bien heureux si, par les données que je vous transmets, je pouvais le moins du monde contribuer pour quelque chose à vos nobles et utiles travaux et recherches sur le moyen âge. »

Ansbach, juillet 1844.

Fig. *d*. L'Ordre de la confrérie de Saint-Christophe de Henneberg, également sous l'invocation des quatorze saints invoqués dans les dangers imminents, fondé en 1480 par le comte Guillaume de Henneberg pendant son séjour au couvent de Vesra. Ces insignes sont tirés d'un monument funéraire des comtes de Henneberg, qui se trouve dans l'église principale de Schleusingen, où nous l'avons dessiné nous-même. Le collier de cet Ordre est formé par quatorze anges à ailes déployées et qui tiennent des phylactères sur lesquels on voit le nom des quatorze saints en question. Quelquefois aussi ce collier est composé d'anges vus jusqu'à mi-corps, sur les vêtements desquels on lit les noms de saint Érasme, saint Georges, saint Denis, saint Guy, saint Blaise, saint Pantaléon, saint Cyriaque, saint Christophe, saint Achate, sainte Barbe, sainte Catherine, saint Eustache, saint Gilles et sainte Marguerite ; au milieu du collier se trouve la figure du Saint-Esprit représenté par une colombe ; elle tient dans son bec l'auréole de Notre Seigneur Jésus-Christ porté par saint Christophe et placé sur une banderole portant son nom et au-dessous de laquelle pendent des franges formées par huit petites chaînes terminées par autant de clochettes. Ces clochettes sont l'emblème des huit béatitudes que le son des clochettes doit rappeler au souvenir de celui qui portait ces insignes, et qui devait, en entendant leur son, penser sans cesse à ses devoirs. Ces insignes étaient exécutés indifféremment en or ou en argent.

Un de nos amis, M. Bechstein, conseiller aulique et bibliothécaire du duc de Meiningen, président de la Société archéologique de cette ville, se propose de consacrer à l'Ordre de Saint-Christophe quelques-unes des pages de son grand et bel ouvrage sur les monuments de la Franconie et de la Thuringe. Il compte faire paraître dans ce travail le tombeau du fondateur de l'Ordre, du comte-prince de Henneberg Guillaume IV (V), dont la statue porte le collier de Saint-Christophe. Ensuite il publiera un *fac-simile* des statues, un frontispice en gravure sur bois et plusieurs autres détails curieux ayant rapport à cet ordre de chevalerie. La charte originale est entre nos mains, mais sa publication demanderait au moins trois feuilles d'impression, c'est-à-dire infiniment plus de texte que nous ne pouvons en donner à chaque sujet publié dans cet ouvrage. Nous nous contenterons donc de renvoyer nos lecteurs pour de plus amples renseignements à l'ouvrage déjà cité de M. Bechstein, qui est enrichi non-seulement d'une grande quantité de matériaux précieux, mais où règnent encore tout le talent et les connaissances nécessaires pour en avoir tiré le meilleur parti possible.

Il est encore digne de remarque que les trois Ordres dont nous venons de parler ont été fondés à la même époque, ainsi que ceux de Sainte-Dorothée, de Sainte-Catherine, de Saint-Antoine et de plusieurs autres.

PLANCHE VIII.

Fig. *a*, *b*, *c*, *d*, *e*, *f*, *g*, *h*, *i*, *k*, *l*. Rosaces tirées de l'appartement dit chambre des Rosaces, dans le vieux château de Cobourg. Ces rosaces, qui datent du XIVe siècle et que nous avons dessinées en 1817 pendant un voyage que nous fîmes à Cobourg avec notre compatriote et ami M. Mauch, professeur, et actuellement à Stuttgard, et l'architecte Duerch, mort en Amérique, ont été enlevées depuis quelques années et remplacées par des rosaces neuves, mais parfaitement conformes aux anciennes. Nous en avions copié un plus grand nombre, mais nous avons eu le malheur de les perdre pendant que nous faisions exécuter les réparations du château impérial de Nuremberg.

Vers 1817, la chambre, nommée des Rosaces, était encore dans un bon état de conservation.

Nous sommes heureux de penser que nous avons pu prévenir la perte, lors de notre arrivée à Cobourg en l'année 1839, de plusieurs portions et détails curieux du vieux château. Le temps et d'autres causes avaient réduit les plus beaux appartements à un état complet de délabrement; les belles boiseries s'étaient détachées du mur, la chambre à rosaces se trouvait dépouillée de la presque totalité des ornements dont elle porte le nom, etc., etc. Nous priâmes le duc de vouloir bien faire cesser cette affligeante dévastation et nous le suppliâmes de ne point consentir à la ruine totale du vieux château, de ce beau monument bâti par ses illustres ancêtres, et le plus bel ornement de Cobourg. Nous eûmes le bonheur d'être écouté et le duc nous chargea de la restauration des appartements endommagés par les siècles et la main des hommes. M. Gœrgel, architecte et notre ancien collaborateur, artiste parfaitement versé dans la connaissance de l'architecture du moyen âge, et enthousiaste pour la tâche qu'il allait entreprendre, fut l'homme que nous choisîmes pour nous aider dans l'exécution de cette restauration, qui lui a fait le plus grand honneur et qui lui attira aussi la pleine et entière satisfaction du duc. Nous mentionnerons encore ici le nom de deux de nos anciens élèves, MM. Rothbart et Eberlein, qui assistèrent M. Gœrgel dans ses longs et difficiles travaux et dont les talents lui furent d'un heureux concours. Personne ne visitera le vieux château de Cobourg sans être satisfait des travaux de restauration qu'on y a faits, et l'on conviendra qu'il est difficile de trouver un second monument de ce mérite. Les véritables connaisseurs avoueront que sa restauration est parfaitement exécutée dans le style et le génie du moyen-âge.

L'ancien château de Cobourg a appartenu dès l'an 1353 à la maison de Saxe. Le landgrave Georges, fils cadet de Frédéric-le-Guerrier, y établit sa cour pendant un assez long laps de temps, et ce fut Frédéric II, surnommé le Pieux, qui fit bâtir les magnifiques appartements que l'on peut compter, maintenant qu'ils sont bien restaurés, parmi les plus beaux monuments de ce genre.

Le duc régnant actuel, appréciateur élevé des beaux-arts, a su reconnaître toute la valeur de l'ancien château de Cobourg sous le double rapport de l'histoire et de l'art, et il a embrassé avec chaleur le projet conçu par son père, qui consistait à rendre à ce bel édifice toute son importance historique et monumentale en le faisant complétement restaurer. La maison d'arrêt qui se trouve établie dans ce château sera incessamment transférée ailleurs et avec elle disparaîtra le dernier obstacle qui empêchait cet ancien monument de devenir le modèle des constructions en ce genre.

Nous ferons paraître une description détaillée du château de Cobourg dans un grand ouvrage que nous comptons publier sur l'architecture de l'Allemagne au moyen âge et spécialement sur celle des anciens châteaux et leur disposition intérieure. Cet ouvrage sera accompagné d'un grand nombre de planches.

DIXIÈME LIVRAISON.

STYLE BYZANTIN.

PLANCHE PREMIÈRE.

Base de colonne avec piédestal tirés de l'église de Saint-Sebalde de Nuremberg.

Il nous a été impossible de joindre aux divers chapiteaux de cette église publiés dans les livraisons Ire, IIe et VIIe, de joindre, disions-nous, un détail correct de leurs bases, parce que la plupart sont ou bien dans un état de vétusté complet et cachées par les bancs et les prie-Dieu, ou presque entièrement restaurées à neuf.

Nous pouvons dire que c'est un heureux hasard qui nous permit, lorsque nous changeâmes la disposition des bancs et des prie-Dieu de l'église, de démolir et de reconstruire contre le pilier suivant le petit autel de saint Joachim et Érasme fondé par la famille de Haller, et qui nous fit découvrir la base de la colonne contre laquelle cet autel était adossé. Nous la trouvâmes en parfaite conservation. Les profils en étaient aussi intacts et aussi purs que s'ils venaient d'être taillés.

Cette découverte, si importante pour l'architecture, nous fait connaître distinctement la forme des plus anciennes bases de colonnes, qui diffèrent de toutes celles de l'église, et, en donnant ce précieux fragment dans notre ouvrage, nous nous flattons de mériter l'approbation et la reconnaissance des archéologues et des amateurs de l'architecture du moyen âge. Le profil de cette base est tout à fait original et caractéristique, et offre un tout autre caractère que celui qu'on remarque à la base des colonnes du dôme de Bamberg.

MESURE DE LA BASE ET DE SON PIÉDESTAL.

	HAUTEUR.			LARGEUR.	
	pieds.	pouces.	lignes.	pieds.	pouces.
Fût de la colonne	14	0	0	0	8 1/2
Tore supérieur	0	2	2	0	11 1/2
Baguette	0	1	0	0	9 1/2
Gorge	0	1	6	0	9 1/2
Filet	0	0	6	0	11 1/4
Tore	0	3	0	1	4 1/4
Scotie	0	3 3/4	0	1	3
Dé	1	5 1/2	0	1	4 1/4
Filet	0	1 1/2	0	1	6 1/2
Tore	0	4 1/4	0	1	10 1/4
Chanfrein	0	1 1/4	0	1	3
Socle	0	7	0	1	10 1/4

STYLE GERMANIQUE (GOTHIQUE).

PLANCHES II, III, IV.

Suite et fin du magnifique tombeau de saint Sebalde, par Veit Stoss, d'après le dessin original sur parchemin et propriété de l'auteur (voyez livraison VIe, pl. III, et livraison IXe, pl. V et VI).

PLANCHES V, VI, VII, VIII.

Ornements tirés de la galerie donnant sur la cour de la maison n° 880, située sur la place du Marché à Nuremberg, et non loin de l'église catholique Notre-Dame. Cette maison appartient à M. Walbinger, conseiller municipal.

La reproduction exacte de ces curieux panneaux ornés du moyen âge fera plaisir sans doute aux amateurs, d'autant plus qu'on ne saurait, à notre avis, assez favoriser et répandre le goût pour l'architecture de cette époque et lui donner, autant que possible, les moyens de se développer et se perfectionner, surtout en ce qui peut concerner la partie des ornements, dans la conception desquels il faut chercher à éviter une monotone uniformité.

On a cru pendant long-temps et l'on croit encore aujourd'hui que ce genre d'ornements n'est en aucune manière susceptible d'une grande variété et que les formes, quoique légèrement modifiées, présentent néanmoins toujours à peu près le même ensemble. Mais cette opinion est complétement fausse et nous espérons l'avoir prouvé dans un de nos précédents ouvrages (1). L'aspect que présentent d'ailleurs tous les anciens édifices de Nuremberg prouve mieux encore que nous n'avons pu le faire jusqu'à quel point les anciens architectes entendaient l'art de charmer la vue par une agréable et gracieuse variété. Le style de chaque maison est différent ; aucune forme de toit ne se répète. Avec ses tourelles, ses pans coupés, ses avant-corps en encorbellement, tout se groupe d'une manière admirable et constitue un ensemble qui retrace à l'imagination les traditions et les légendes des temps reculés d'où datent ces monuments curieux.

Un grand nombre de nos architectes contemporains pensent à tort que l'art de bien grouper et varier les objets n'appartient qu'à la sculpture ou à la peinture. Il suffit cependant d'un coup d'œil attentif jeté sur les œuvres des anciens maîtres pour nous convaincre que non-seulement cet art ne leur était point étranger, mais qu'au contraire ils apportaient tous leurs soins à l'harmonie et à la diversité des groupes et des ornements. Pour quel motif nous arrêtons-nous avec admiration et respect devant les chefs-d'œuvre des temps passés et du moyen âge surtout, tandis que la vue des monuments modernes, avec leurs toits plats,

(1) Voy. nos Éléments d'architecture du moyen âge.

leurs formes sans originalité comme sans vigueur, leurs ornements insignifiants, nous laissent entièrement froids et impassibles ?

La maison de la grande place du Marché, qui appartient à M. Walbinger, est fort ancienne et la seule de son espèce à Nuremberg qui soit isolée des quatre côtés. Les anciens documents historiques ayant rapport à cette habitation et que le propriétaire a bien voulu nous communiquer, nous apprennent qu'elle a appartenu pendant long-temps à la famille Stromer (nommée Stromeier dans les documents). Mais comme les plus anciens titres qui la concernent sont perdus ou qu'ils se trouvent peut-être entre les mains de quelque antiquaire ou marchand de curiosités, on ignore l'époque à laquelle remonte la construction de cette maison.

En l'année 1431 elle fut achetée par Jean Rummel à Georges Stromeier l'aîné pour la somme de 5,500 florins. Le titre du contrat de vente porte : « Acquisition de Jean Rummel de la maison située sur la place auprès de la chapelle de Notre-Dame, faite à Georges Stromeier l'aîné en l'année 1431, ce vendredi jour de Sainte-Catherine. »

Ce contrat porte le n° 16. Rummel et Stromeier étaient tous les deux membres du conseil municipal de la ville libre de Nuremberg et plus tard ils furent bourgmestres. Il paraît que cette maison était une des propriétés primitives de l'ancienne famille Stromeier; car c'est là que demeurait Ullmann Stromeier, bourgmestre et conseiller de l'empereur, ainsi que le furent encore plusieurs membres de sa famille, tels que Conrad, André, Gondram et Ulrich Stromeier, qui tous furent bourgmestres à des époques différentes. Ce fut au premier que l'empereur Charles IV ordonna de faire démolir l'école des Juifs située à côté de sa maison, pour ériger à sa place, et en commémoration de la victoire remportée sur les insurgés de Nuremberg, une église consacrée à la Vierge. On ne mit la main à l'œuvre qu'en l'année 1355, et c'est aux soins d'Ulrich Stromeier qu'est principalement due l'érection de ce monument. La maison dont nous parlons a souvent servi de tribune aux dames de Nuremberg ; c'était de là qu'elles assistaient aux joutes et aux tournois qui se donnaient sur la grande place du Marché.

En l'année 1433 le frère de Jean Rummel se rendit à Rome avec plusieurs nobles bourgeois de Nuremberg, et il assista au couronnement de l'empereur Sigismond, qui le fit chevalier ainsi que beaucoup d'autres. Son écusson resta long-temps suspendu contre un pilier auprès du baptistère de l'église de Saint-Sebalde. Lors de la soi-disant restauration ou pour mieux dire lors de la dévastation qui eut lieu en 1817, cet écusson fut enlevé ainsi que nombre d'autres anciennes armoiries d'un grand intérêt historique, et jeté on ne sait en quel endroit.

Une quantité d'écus armoriés ainsi que de belles peintures sur verre se trouvaient aussi dans l'église des Carmes déchaussés, église détruite aujourd'hui, dans la chapelle du monastère de Saint-Gilles, dans les églises de l'hôpital et de Sainte-Marthe.

Après le départ de Nuremberg de la famille Rummel, sa maison fut achetée en 1470 par Jean Tumer l'aîné (1). En 1525 Georges Volkhamer en devint le propriétaire; en 1545 elle appartenait à Jacques Welser. C'est ce dernier qui, en 1504, fit don à la chapelle Sainte-Marie de la belle statue de la Vierge, exécutée par Veit Stoss. A l'époque de la malheureuse restauration de l'intérieur de cette chapelle, la statue fut impitoyablement badigeonnée et placée de manière à ne produire aucun effet.

D'après l'acte de vente n° 24, cette maison aurait été acquise en 1535 par Bernard Nuezel, et revendue par lui en 1555 à Albert Scheurl. En l'année 1621 elle fut achetée par un riche marchand nommé Jean-Conrad Weinmann. En 1632 elle échut à Jean-Philippe Geslin, négociant, qui la vendit, en 1698, à Martin Peller, également négociant. En 1732 elle fut achetée par Jean Bauer, et après lui par les sieurs Merz, Wuensch, Steger, Bruckner, Dietz, jusqu'à ce qu'enfin elle soit devenue la propriété de M. Walbinger, rentier et conseiller municipal de Nuremberg, et qui est propriétaire de la belle collection de tableaux qui avait autrefois appartenu à M. Frauenholz.

ONZIÈME LIVRAISON.

STYLE BYZANTIN.

PLANCHE PREMIÈRE.

Chapiteau d'une colonne de la grande salle des Landgraves du château de la Wartbourg, dans le duché de Weimar. Ce fragment nous a été communiqué par un de nos anciens élèves, M. Rothbart de Cobourg, peintre, et qui s'est fait connaître avantageusement par les peintures qu'il a exécutées dans la salle de Luther, dans l'ancien château de Cobourg, et que nous nommerons encore pour son habileté comme dessinateur distingué.

Le château de la Wartbourg ne mérite pas seulement d'être placé au premier rang des monuments qui nous restent du moyen âge; nous pensons encore que, sous le rapport des détails d'architecture, il n'existe pas un seul château qui puisse lui être mis en parallèle. Il mériterait une description spéciale et détaillée, une monographie étudiée et complète. Car celles publiées par Olearius, Melissantes, Limberg, Koch, Thon et Gottschalk ne suffiront pas à l'artiste, parce que tous ces auteurs se sont copiés, et qu'ils ne traitent en

1) Jean Tumer a bâti le château de Tumenberg appartenant actuellement à M. Plattner et que l'auteur a restauré en 1810 presqu'entièrement dans le style du moyen âge.

outre que de l'histoire des personnages qui ont habité ce château. L'histoire architecturale dans ses différentes phases n'y a été traitée que très-superficiellement.

Nous nous sommes donc imposé la tâche de faire paraître successivement dans l'*Ornementation* des détails de cet intéressant château, ce que nous avons du reste déjà tenté dans notre petit livre intitulé : *le Petit Byzantin*. Le style des ornements de la Wartbourg se distingue par une grande noblesse et une grande pureté ; il est bien supérieur à celui de l'ornementation des églises et des abbayes de la même époque. Ceux du château de la Wartbourg sont conçus avec un rare génie et exécutés avec un soin qui ne se retrouve presque nulle part ailleurs. Il est par conséquent permis de penser que non-seulement les fondateurs de ce beau monument étaient eux-mêmes des appréciateurs distingués des beaux-arts, mais qu'ils firent venir encore à grands frais des artistes célèbres de l'étranger. Dans toute la Saxe, dans la cathédrale de Bamberg même, si riche en beaux chapiteaux de ce genre, il ne s'en trouve pas un seul qui puisse être comparé à ceux du château de la Wartbourg quant au fini de l'exécution.

Parmi les landgraves de Thuringe que l'histoire distingue comme amateurs des arts, le landgrave Hermann, qui régna de 1192 à 1215, est sans contredit le plus distingué. Il est probable que le château de la Wartbourg date de cette époque.

STYLE GERMANIQUE (GOTHIQUE).

PLANCHE II, III, IV et V.

Fig. *a* à *m*. Ornement d'une galerie de la maison n° 46, à Nuremberg, appartenant à M. François-Michel Gessert, négociant (voyez planche IV, fig. *b c*. de la IXe livraison).

Quoiqu'il n'entrât nullement dans le plan de cet ouvrage d'y comprendre des monuments et des ornements d'architecture postérieurs à l'année 1520, parce que l'art a été plutôt en décadence qu'en progrès depuis cette époque, nous avons cru cependant, dans l'intérêt de l'art, devoir publier quelques objets d'art de l'époque du célèbre Albert Dürer. Nous ne comprendrons toutefois, dans cette collection, que des œuvres exécutées par ce grand maître lui-même ou exécutées sous sa direction et d'après ses conceptions. Nous donnons par conséquent ici deux dessins différents d'ornements parfaitement conservés, et qui se trouvent placés dans la balustrade de la maison de M. Gessert, et dont l'authenticité, comme provenant de la main de Dürer elle-même, est parfaitement constatée.

Tout le monde connaît le grand ouvrage d'Albert Dürer intitulé : *Ehrenforte Kaiser Maximilians I* (Porte triomphale de l'empereur Maximilien Ier), et le *Triumph-Zug* (Marche triomphale du même empereur), par Jean Burgmayer, élève de Dürer, ainsi que plusieurs autres cartons de dessins d'architecture de la même époque. — Nous avons nommé ce style, style de la Réformation. Il fut adopté en Europe avec une promptitude remarquable par la plupart des premiers maîtres de l'époque, et surtout par Albert Dürer avec une prédilection toute particulière. Il sut allier le style allemand, le style du moyen âge au style romain et italien, qu'il n'a pu saisir que superficiellement, et qu'il ne paraît pas avoir parfaitement compris. Les Français nomment, avec raison, ce style bâtard le style flamboyant; car on y retrouve les formes du gothique singulièrement corrompues et alliées à celles de la renaissance.

Les parties les plus curieuses de cette galerie, sont celles dont le dessin est purement gothique, et les artistes nous sauront gré de les donner ici.

La maison Gessert est une des plus anciennes de Nuremberg. Elle est située non loin des boucheries et des abattoirs. Autrefois on la désignait comme située sur le Kuttelhof. D'anciens documents nous apprennent que cette maison a successivement été la propriété de plusieurs familles patriciennes; en 1430 les frères Jean et Ulrich Stark la revendirent à Jean Kraft, et le contrat de vente fut passé par-devant le chevalier et syndic Wiglis de Wolffstein.

Jean Kraft était frère de Berthold Kraft, membre du grand conseil. Leur blason se composait d'un fond de gueules à fasce d'or.

En l'année 1507 cette maison fut achetée par Catherine Floker, veuve d'un riche négociant, et belle-sœur du conseiller Jean Floker. Cette opulente famille était autrefois très-influente, et brillait parmi celles qui protégeaient les lettres et les arts. Les jeunes filles de cette famille, célèbres par leur beauté, étaient connues d'Albert Dürer, qui était leur voisin. Catherine Floker aimait les arts et la société des artistes distingués de Nuremberg, ses contemporains. Parmi ces derniers elle distinguait surtout Albert Dürer. Après avoir vu en 1515 son magnifique tableau de la Porte triomphale, elle le chargea de la décoration de la cour de sa maison, ainsi que nous l'apprend l'inscription placée au-dessous de la galerie et portant la date de 1516.

La famille Floker resta en possession de cette maison jusqu'en 1538, époque à laquelle la veuve du dernier Floker la revendit à Jean Mader. Enfin en l'année 1781, Jean-Guillaume Roth, marchand de vin, et propriétaire de l'hôtel du Cheval rouge, acheta cette maison de la veuve Ohmann, pour son ami Charles-Ernest Heller, dont les héritiers la possèdent encore aujourd'hui.

Le profil de la balustrade à jour est donné au bas de la planche IIe. Ce profil se retrouve souvent dans l'ornementation exécutée en pierre à Nuremberg.

PLANCHE VI, VII, VIII.

Voyez la xe livraison, planche V, VI, VII, VIII et suite.

DOUZIÈME LIVRAISON.

STYLE BYZANTIN.

PLANCHE PREMIÈRE.

Fig. *a*, *b*, *c*. Chapiteaux tirés de l'ancienne église abbatiale de Sainte-Marie de Faurndau, près Gœppingen (voyez la ve livraison, planche V). Ces chapiteaux sont tellement défigurés par un badigeon blanc à la chaux, que les contours des formes peuvent à peine être reconnus : il en est de même de leurs détails délicats. C'est ce qui arriva plus particulièrement pour le chapiteau fig. VI. Il est certain que ces chapiteaux sont du temps de Luitprand, diacre de l'empereur Louis II, qui fit hommage de cette église en 895 à l'abbaye de Saint-Gall.

Fig. *d*. Chapiteau très-ancien, dessiné par l'auteur en 1810 dans l'ancien couvent de Herbrechtingen. Ce magnifique chapiteau, dont une moitié a été totalement mutilée, se trouve encastré dans le mur d'enceinte d'une cour; il a vingt pouces de Wurtemberg de hauteur (0[m]5730) ; et comme il offre, dans son abaque ainsi que dans les autres détails, une grande ressemblance avec les chapiteaux de Faurndau et de Murrhart, il appartient sans doute à la même époque; il provient certainement du monastère de Saint-Veranus, donné à l'abbaye de Saint-Denis près Paris, par testament de Fulrade, premier aumônier de Pépin, qui fit présent également à la même abbaye de la chapelle de Saint-Vital d'Esslingue. Ce célèbre couvent situé auprès de Herbrechtingen, dans l'ancienne seigneurie Heidenheim sur la Brenz, fut agrandi et doté richement en 1144 par le Hohenstausen, Frédéric-le-Borgne, duc de Souabe; il fut consacré à Saint-Denis, et on y institua des chanoines réguliers, suivant l'ordre de Saint-Augustin. En l'année 1536 ce couvent fut inquiété par les réformateurs; enfin enlevé par force aux chanoines en 1555, et détruit en partie. Pendant la guerre de 30 ans, en l'année 1630 ou 1635, le couvent fut rendu aux chanoines, mais dans un état on ne peut plus pitoyable. Les nouveaux propriétaires étaient des moines du couvent de Wettenhausen; il existe encore un autel qu'ils firent élever dans le style de la renaissance portant le millésime de 1631. Après le traité de Westphalie le monastère de Herbrechtingen fut donné au Wurtemberg, et les moines furent obligés d'émigrer. Ce monastère, autrefois si célèbre, a été rendu tout à fait méconnaissable par une sordide spéculation d'argent; il est abîmé et presque détruit, et l'histoire seule témoigne encore de son ancienne puissance.

Fig. *e*, *f*, *g*. Bases de colonnes dans le style nommé attique.

Fig. *e*. Base de colonne avec griffe, du couvent de Forch, près Schorndorf.

Fig. *f*. Base de l'église de Faurndau.

Fig. *g*. Base trouvée dans l'ancien couvent des bénédictins dans l'île de Rheinau.

PLANCHE II.

Fig. *a*. Chapiteaux accouplés ou jumeaux, et fig. *b*, bases de colonnes, communiquées par M. Rodolphe Rothbarth, peintre de la cour à Cobourg (voyez livraison XIe, planche Ire).

PLANCHE III.

Ouvrages de serrurerie et serrures de porte du tabernacle de l'église de Saint-Sebalde de Nuremberg. Ce curieux tabernacle se trouve au côté droit du maître-autel, contre le mur, mais dans un fort mauvais état. Les serrures, les peintures, la serrurerie, les clous, etc., etc., sont dorés : mais la porte est peinte en rouge. La date de ce monument est l'année 1315. La frise dans la gorge du chambranle en pierre de la porte est surtout fort belle. Dans la suite nous donnerons une description complète et détaillée des parties et de l'ensemble de ce tabernacle remarquable.

PLANCHE IV.

Magnifique porte en bois sculpté avec boiserie appartenant à la maison de Scheuerl dans la Burgstrasse à Nuremberg.

Des portes sculptées en bois de cette beauté et de cette importance sont fort rares. L'auteur ne connaît jusqu'à présent dans ce genre que celles du château de Cobourg près Cobourg, et celles du couvent de Blaubeuern : nous donnerons prochainement toutes les deux ; ensuite encore celles de la citadelle de Salzbourg et celles enfin du presbytère de Saint-Laurent de Nuremberg.

Cette porte a été décrite d'une manière circonstanciée par notre honorable ami le major baron de Soden dans son intéressant ouvrage intitulé : « *La maison de Scheuerl*. » Nous devons à son obligeance les renseignements suivants : « Vous me demandez, mon cher » ami, une description historique et topographique de la maison dite de Scheuerl, afin de » pouvoir la donner comme texte explicatif de la pl. IV de votre ouvrage sur les ornements » du moyen âge. Je me rends avec plaisir à votre désir, mais je déplore seulement l'ab- » sence de matériaux pour vous en livrer une description détaillée. La maison portant le » n° 606 de la Burgstrasse située au pied du château, a attiré sur elle, dans les temps » modernes, l'attention de tous les amis de l'histoire et des antiquités nationales. Le gou- » vernement bavarois a fait toutes diligences nécessaires pour la conservation de ce qui » reste aujourd'hui de cette construction remarquable.

« Cette maison a été possédée sans interruption depuis 1485, par conséquent déjà pendant trois cent soixante années, par l'ancienne famille patricienne de Scheuerl : elle est aujourd'hui encore la propriété du professeur et docteur de Scheuerl à Erlangen.

» Des souvenirs nobles et remarquables s'attachent à cette maison, et elle appartient avec toute justice aux monuments les plus intéressants de notre passé germanique.

» Elle vit passer sur elle des siècles, elle fut témoin d'événements d'une importance universelle, sans que ses fondements en fussent le moins du monde ébranlés. Plus d'une de ses dispositions intérieures furent changées dans la suite de temps orageux et par suite encore de l'instabilité des choses humaines. Et malgré cela, elle reste toujours solidement debout, et affronte d'une manière hardie et audacieuse, comme monument historique des siècles passés, l'action destructive du temps.

» Ce que cette maison offre de plus remarquable, c'est sans contredit la salle décorée de sculptures dans le style germanique, et qui doit son origine au XVe siècle. Les parois de cette salle sont ornées de détails architectoniques, ainsi que les deux portes intérieures et extérieures, qui sont à plein cintre dans leur partie supérieure. Christophe Scheuerl I, qui, venu de la Silésie, s'est fixé à Nuremberg, construisit cette maison en l'année 1489 à la demande du duc Georges de Bavière, qui en supporta aussi les dépenses. Les fenêtres furent ornées des écussons peints du duc, et on ne la nomma que *la chambre du comte palatin* (Pfalzgrafenstübchen). La maison de Scheuerl servit aussi d'habitation temporaire à beaucoup de princes, à un grand nombre d'hommes d'État et de capitaines célèbres. Le roi des Romains Maximilien la choisit en 1489 et 1491 pour sa demeure, pendant que son père, l'empereur Frédéric, habita dans la dernière de ces deux années le château de Nuremberg. A cette époque, le roi honora de sa présence le mariage d'Étienne Tucher avec Ursule Muffel. Pendant la grande diète de l'empire, dans l'année déjà nommée, le roi habita encore avec le duc Georges de Bavière, la maison de Scheuerl. Plus tard elle servit d'hôtel au duc Albert de Bavière et au duc Ulrich de Wurtemberg son gendre. Dans les années 1522 et 1523 le roi des Romains Ferdinand Ier y demeura pendant son séjour à Nuremberg. La chambre du comte palatin fut nommée chambre impériale, nom qu'elle a conservé jusqu'à ce jour. Dans l'année 1530, au mois d'avril, le duc Georges de Saxe choisit la maison de Scheuerl pour y demeurer. Ce séjour lui plut si fort, qu'il y retourna souvent depuis. En l'année 1532 elle fut habitée par Albert de Brandebourg, cardinal et prince palatin de Mayence. Lorsqu'en 1540 le roi Ferdinand fit son entrée à Nuremberg, cette maison servit de demeure à Othon de Truchsess, nommé évêque d'Ausbourg en 1543 et qui se trouvait dans sa suite. Pendant le séjour à Nuremberg en 1541 de l'empereur Charles V, la maison de Scheuerl fut habitée par le célèbre Granvella, son chancelier, et ses deux fils Antoine Perenot, évêque d'Arras, et Thomas Perenot, seigneur de l'Hautemai. Dans la même année elle

» fut choisie pour sa demeure par Philippe landgrave de Hesse. Pendant la campagne de » Saxe en 1547, le duc Albert s'approcha de Nuremberg et il habita également cette » maison célèbre. Lorsqu'en l'année 1612 l'empereur Mathias s'en revint de son cou- » ronnement à Francfort sur le Mein, et qu'il fit son entrée triomphale à Nuremberg, la » maison de Scheuerl fut habitée par le grand-chambellan et surintendant des écuries im- » périales, capitaine de la seigneurie hongroise, Altenbourg Octavio Caumirei, accompa- » gné de sa femme. En 1621 il fut tenu dans cette maison une diète de Franconie. » Pendant le grand congrès pacificateur de Nuremberg de l'année 1649, les colonels im- » périaux François-Christophe Rennfft de Wissenthal et ensuite Claude-Francisque de » Canou demeurèrent dans la maison de Georges Scheuerl. En 1833 cette maison fut encore » honorée de la visite de Leurs Majestés le roi et la reine de Bavière. Peu de temps après » le ministre de l'intérieur du royaume de Bavière se fit délivrer par le corps des magis- » trats de la ville un acte officiel déclarant de par le sieur Scheuerl, employé aux postes » et ses copropriétaires, qu'aucun changement ni qu'aucune vente ne seraient faits sans » en avertir auparavant les magistrats communaux et leur garantir le droit de retenue. » Par ce moyen on éloignait tout danger qui pouvait menacer cette maison par des chan- » gements apportés à son état actuel, et l'on assurait son apparence antique ainsi que la » conservation de ses précieuses sculptures. Dans tous les cas la maison de Scheuerl est et » restera un monument remarquable du temps de nos pères, et son aspect rappelle les » temps les plus heureux et les plus florissants de l'ancienne ville impériale de Nurem- » berg. »

(V. *Christophe Scheuerl II et sa maison d'habitation*, par Soden. Nuremberg, 1837 (1).

Le même auteur a fait paraître aussi les ouvrages suivants :

1° *Description historique et topographique de l'antique chapelle d'Altenfurt* près de Nuremberg. 1834.

2° *Histoire de l'ancien hameau Alfalterbach*. Pièces relatives à l'histoire de la guerre et des mœurs du moyen âge, enrichies de trois planches coloriées et de six chansons de lansquenets. Nuremberg, 1841.

3° *L'assaut de Velden*. Monographie des dix premières années de la guerre de Trente Ans. Avec treize chansons guerrières et chants de grâces. Nuremberg, 1844.

PLANCHE V.

Fig. *a*, *b*, *c*. Galerie remarquable de la maison du négociant C. Clericus L., n° 368, située sur l'ancien Marché-aux-Chevaux aujourd'hui appelé rue de l'Aigle (Adlerstrasse)

(1) On peut se procurer chez le sculpteur Laurent Rotermund à Nuremberg des moulages en plâtre des sculptures de la maison de Scheuerl.

à Nuremberg, et de l'année 1438. Cette maison a appartenu à des patriciens de Nuremberg et entre autres à la famille de Schlüsselfelder. En 1580 elle était la propriété de Willibald Schlüsselfelder. En 1657 elle avait pour propriétaire Jean-André de Thummenberg, auquel appartenait également le château de Thummenberg, situé à trois quarts d'heure de Nuremberg et qui appartient aujourd'hui au négociant Zacharie Platner. Ce dernier l'a fait restaurer dans le style germanique par l'auteur de cet ouvrage. La galerie en question ainsi que ses ornements sont exécutés en pierre fine.

Fig. *d*. Représente l'inscription placée à côté de la galerie. Elle offre le millésime de 1498.

Fig. *e*, *f*. Sculptures en bois du château de Hohenstein, situé à une demi-heure de Konigheim dans le royaume de Wurtemberg. Ces sculptures furent dessinées d'après nature en 1804 par le professeur Aloys Keim. Elles se trouvent actuellement dans la collection de l'auteur.

PLANCHE VI.

Magnifique vase d'argent doré de l'année 1510; en 1824 il était dans la possession de Rittberger, marchand de curiosités, chez lequel l'auteur l'a dessiné à cette époque.

Jusqu'à la fleur ce vase avait presque un pied d'élévation : il est d'un travail très-délicat. Le feuillage et le reste des ornements sont restés sans dorure, tandis que tout le fond est doré. L'auteur regrette de n'avoir pas dessiné le blason qui se trouvait sur le couvercle ainsi que les inscriptions qu'il contenait.

PLANCHE VII.

Le presbytère restauré de Saint-Laurent de Nuremberg.

La restauration de cet ancien presbytère a fait naître à plusieurs reprises le désir chez bon nombre d'artistes et d'amateurs qu'il en parût dans ce recueil des dessins d'ensemble et des détails. Car ce monument est aussi curieux par ses profils et parties architectoniques que par ses ornements, que l'auteur, architecte de l'édifice, a su préserver de l'ancien presbytère et introduire avec autant de bonheur que de goût et de talent dans sa nouvelle restauration.

L'auteur se rend d'autant plus facilement à ce vœu, qu'il s'était déjà déterminé depuis long-temps à publier non-seulement toutes les parties d'art en pierre, en bois, en peinture, etc., qui ont pu retrouver une place convenable dans le nouvel édifice, mais encore plusieurs restitutions modernes, faites sur des modèles anciens. Tel est entre autres le beau plafond du réfectoire, qui a déjà paru dans la ve livraison, planche VII. L'auteur a publié antérieurement dans l'ouvrage intitulé *Modèles de l'ancienne architecture germanique à Nuremberg*, Nuremberg, 1838 et 1843, les deux belles baies en saillie de l'ancien presbytère.

La grande baie en saillie, au centre de la façade, a été bâtie par Conrad Kühnhofer en l'année 1439. Celle de l'aile droite est l'œuvre de Laurent Tucher, qui l'éleva en 1480.

Ce presbytère remarquable, qui devait être vendu en 1836 à cause de son état de vétusté, fut sauvé par l'auteur. Cet ancien bâtiment n'était malheureusement élevé qu'en bois, à l'exception du corps central et de la baie saillante bâtie en 1439 par Kühnhofer. Le réfectoire aussi, ainsi que la fenêtre saillante de Laurent Tucher, la face couronnée du pignon exceptée, étaient également en bois, et comme ce réfectoire bordait le cimetière qui circonscrivait l'église, dont le terrain s'était peu à peu exhaussé avec le temps, aujourd'hui même l'église se trouve plus bas que la rue et que l'ancien presbytère d'au moins cinq à sept pieds.

A l'époque de la Réformation, ce presbytère fut destiné au logement des pasteurs de l'église de Saint-Laurent et de leurs familles ; c'est pour cette raison qu'il subit de grandes et de nombreuses modifications. La chapelle particulière du curé fut convertie en cuisine, le délicieux chœur en garde-manger, etc., etc. D'autres changements eurent encore lieu jusqu'à l'époque où Nuremberg devait appartenir à la couronne de Bavière. Le presbytère devint inutile ; il fut loué à des négociants qui utilisèrent le rez-de-chaussée comme magasin. Les étages supérieurs furent loués à des fabricants de chapeaux de paille, à des lithographes, à des ouvriers de tous les genres, etc., qui abîmèrent complétement le bâtiment et qui détruisirent surtout son architecture en élargissant les portes. C'est alors que la belle boiserie du réfectoire eut surtout beaucoup à souffrir. Enfin on résolut de vendre le bâtiment. Mais Sa Majesté le roi ne put voir indifféremment que la belle église de Saint-Laurent fût entièrement dépouillée de ses dépendances historiques, qui appartenaient tout à fait et intimement à cette basilique. Elles devaient d'autant plus être conservées, que la maison Kalb et le théâtre avoisinant l'église sont construits dans un style qui ne s'accorde ni avec cette dernière, ni même avec l'aspect général du moyen âge qui règne dans les constructions de la ville de Nuremberg, et nuit au caractère que doit produire ce qui avoisine cette église. Le roi ordonna donc que l'ancien presbytère serait restauré dans son ancien style, et l'auteur de ce recueil, chargé de la restauration, reçut les ordres les plus précis afin de lui conserver toute sa valeur historique. Il obéit avec d'autant plus de plaisir aux ordres du roi, qu'il s'en occupait déjà depuis environ trente ans ; son but incessant avait été de conserver d'une manière intacte la physionomie et le type original de la ville et de ses monuments. Là, il s'agissait surtout de ne point abandonner le point de vue historique sous lequel l'édifice aurait pu perdre tout son cachet et son intérêt.

L'auteur eut à essuyer sans doute bien des déboires, il eut à vaincre bien des obstacles, et ce n'est que couvert de la protection royale, d'un prince amateur éclairé des beaux-arts, tel que le roi de Bavière, qu'il osa attaquer le vieux monument. Mais des retards, des malentendus et des lenteurs eurent en partie une influence si funeste sur le vieil édifice, qu'il ne put plus être sauvé : il s'écroula partiellement. On se vit obligé de le rebâtir en entier, ce qui fut un bonheur et ce qui réussit mieux que la restauration projetée. La fabrique conçut l'heureuse idée de racheter le bâtiment qui avait appartenu autrefois au presbytère, et qui forme aujourd'hui l'aile gauche du nouveau bâtiment.

En 1837 le roi de Bavière nous nomma conservateur des monuments de la ville de Nuremberg, afin de nous témoigner sa satisfaction et d'encourager de nouveau notre zèle. Par reconnaissance de cette insigne distinction, l'auteur mit toute son activité et son aptitude dans l'exécution de cette restauration, à laquelle il chercha, suivant les intentions du roi, à conserver et à rendre le cachet de l'époque de son origine. On ne fit rien entrer dans cette restauration qui n'appartînt au style primitif du monument. Ainsi, les deux fenêtres en saillie dont nous avons parlé plus haut, de même que celles du rez-de-chaussée du corps central, sont copiées sur des modèles de l'époque. Les fenêtres à ogive des deux ailes sont imitées de celles qu'on voit aux tours de l'église Saint-Laurent ; la porte principale a été copiée sur celle de l'ancien Hôtel-de-Ville : les originaux des petites portes d'entrée sur les deux façades à pignon se retrouvent dans l'ancien couvent collégial de Schmalkalde. Les fenêtres carrées et si richement profilées du premier étage ainsi que celles du second donnant sur la cour, ne sont qu'une reproduction de celles de l'ancien presbytère. On en retrouve encore de semblables dans la cour du vieux château impérial de Nuremberg ; ces baies s'adaptent parfaitement à la forme carrée de la partie supérieure des fenêtres. Les fenêtres richement ornées du centre des deux pignons ont été imitées sur celle qui se trouvait sur une des faces du couvent des frères prêcheurs de Nuremberg, actuellement démolie et dont l'auteur possède un dessin. Le pignon orné du centre est une imitation de celui de l'ancien contrôle de la ville. (Voyez livraison VIIIe, planche V.) Toutes ces parties architectoniques sont contemporaines de la fondation de l'église de Saint-Laurent et du presbytère.

On voit en outre de superbes détails de l'ancien presbytère dans une peinture murale de quatre pieds de hauteur sur cinq pieds de largeur, représentant saint Laurent, saint Étienne et saint Vincent, et attribuée au peintre Conrad Stor et datant de l'année 1358. On a détaché cette fresque avec tant de succès, qu'elle a pu être incrustée avec la maçonnerie sur laquelle elle est peinte sur une paroi du porche du nouvel escalier, où elle produit actuellement un très-bon effet. Le beau réfectoire est restauré habilement, les boiseries en sont neuves, les anciennes s'étant trouvées entièrement mutilées par la destination qu'on avait donnée au bâtiment et dont nous avons parlé plus haut. La statue de saint Laurent, autrefois placée en plein air contre le corps central, a été placée sur un angle de l'aile gauche.

Les espaces au-dessus de la boiserie contiendront les portraits peints, sur fond d'or, des anciens représentants du peuple et des évêques qui ont occupé le presbytère; savoir : 1. Henri Spaet, 1270. — 2. Maître Ulrich, 1296. — 3. Hermann Kessler, 1312. — 4. Conrad Stoer, 1354. — 5. Walther, 1361. — 6. Henri Proell, 1364, c'est lui qui a fait peindre les fresques découvertes dans l'ancien presbytère. — 7. Hermann de Stein, 1397. — 8. Albert Kreuzer, 1401. — 9. Jean Kraker, 1410. — 10. M. Jean de Helfeld, 1415. — 11. M. Henri Thondoerfer, 1424. — 12. Jean de Ehenheim, 1432. — 13. Dr Conrad Kuehndoerfer, 1438. — 14. Dr Thomas Pirkhaimer, 1452. — 15. Dr Pierre Knorr. 1454. — 16. Dr Georges Pfinzing, 1478. — 17. Dr Laurent Tucher, 1478, restaurateur du presbytère. — 18. Dr Sixte Tucher, 1496. — 19. Antoine Kress, 1503. — 20. Georges Behaim, 1513, a considérablement restauré et embelli le presbytère. — 21. Hector Poemer, dernier évêque, 1521.

Les belles portes en pierre, dans le vestibule, sont une imitation de celles du couvent de Landau, et la porte intérieure du réfectoire est une copie d'une des portes du couvent des augustins, actuellement démoli. Les anciennes portes et plafonds en bois que l'on a pu conserver ont été replacés dans le nouvel édifice.

Maintenant que ce monument est et restera une propriété de l'administration protestante des cultes, il est très-convenable qu'il serve, en partie, d'habitation aux desservants de l'église Saint-Laurent, et en partie aux bureaux de l'administration ecclésiastique, et de cette manière l'édifice est rendu à son ancienne destination.

PLANCHE VIII.

Fig. *a*, *b*, *c*. Bustes de différentes princesses, tirés de la galerie à jour de l'ancien château de plaisance de Stuttgart, et représentant les 32 aïeux de la maison royale de Wurtemberg. Ces trois bustes ont été dessinés, d'après les originaux, par le professeur Aloys Keim : ils se trouvent dans la collection de l'auteur.

Fig. *a*. Représente Anne, électrice et margrave de Brandebourg; elle était femme de l'électeur Albert-Achille de Brandebourg, un des fondateurs de l'ordre du Cygne, et fille de l'électeur Frédéric II de Saxe; née en 1458, elle mourut en 1512.

Fig. *b*. On ne peut désigner quelle princesse ce buste représente : on n'a pu retrouver ni inscription, ni blason; ce monument historique a été retrouvé gravement mutilé, gisant sur le carreau des magasins du théâtre.

Fig. *c*. Représente la margrave de Brandebourg, née duchesse de Münsterberg, femme de Georges-le-Pieux, margrave de Brandebourg-Ansbach.

Ces bustes se distinguent par le costume du temps, fidèlement et richement reproduit; c'est ce qui a lieu surtout par rapport à la coiffure; leur exécution est délicate, soignée et pleine de goût, surtout pour ce qui regarde la bijouterie et les autres ornements en général. Ces bustes sont de demi-grandeur naturelle, en belle pierre fine des carrières de Stuttgart, placés sur les consoles de la galerie voûtée et ornée d'inscriptions et d'armoiries.

La construction gracieuse du château fut commencée en 1580 par le duc Louis IV; ce ne fut cependant qu'en 1584 qu'il en posa la première pierre. Conrad Behr fut l'architecte chargé de ces travaux; c'était un homme de talent, qui s'était formé en Italie. Il fut aidé dans son œuvre par Henri Schikard. Auprès du sommet du pignon le plus saillant, on voit l'image de Behr, sa mesure en main, et regardant par une fenêtre. Nous donnerons, dans les livraisons suivantes, des notices plus détaillées sur ce joli château.

Fig. *d*. Magnifique pierre tombale du couvent des dominicains ou frères prêcheurs d'Essligen. Cette pierre de 1470 à 1480 environ, est actuellement détruite. L'auteur a dessiné ce monument en l'année 1810. On n'y remarquait déjà plus ni inscriptions, ni armoiries, et l'ensemble était dans un état de mutilation complète. Cette pierre se trouve actuellement dans le cloître du couvent ci-dessus nommé. L'auteur fut étonné de l'élégance et de la délicatesse du travail de ce monument. Il eut à regretter la mutilation des têtes et des mains d'une famille noble agenouillée aux pieds de la Vierge et implorant sa protection. L'auteur a restitué les mutilations dans son dessin, ainsi qu'une grande partie des ornements d'architecture servant d'encadrement. Les armoiries seules n'ont pu être retrouvées; il a été même impossible d'en découvrir les moindres traces. Mais leur existence ne peut pas être mise en doute à cause des trous à scellement qu'on observe encore.

La conception de cette sculpture à très-haut relief, est noble et ingénieuse: elle est plus belle que celle que nous offre ordinairement la sculpture de cette époque. La grâce des contours et l'action de chaque personnage sont exquises. Le nom de l'artiste est inconnu: l'auteur pense avoir étudié à Ulm plusieurs monuments de sculpture avec des sujets à figures dont le style se rapproche du caractère du monument en question; l'architecture surtout est remarquable, ses motifs se reproduisent souvent, notamment dans une fenêtre de la maison de Bebenhausen à Tubingue, à l'église castrale de Schorndorf, au Calvaire de l'église Saint-Laurent de Nuremberg : ce qui nous ramène à l'époque que nous avons citée plus haut, et ce qui nous rappelle encore Matthieu Bœblinger, auquel on pourrait attribuer notre monument.

INDEX

DES LIEUX OU SE TROUVENT LES FRAGMENTS

DÉCRITS DANS LE DEUXIÈME VOLUME.

TABLE DES MATIÈRES

SELON L'ORDRE DES LIVRAISONS*.

HUITIÈME LIVRAISON.

STYLE BYZANTIN.

* Le mot *Heft*, placé à gauche au haut des planches, signifie *livraison* en allemand. On a été obligé de conserver la légende des planches de l'édition allemande.

STYLE GERMANIQUE (GOTHIQUE.)

NEUVIÈME LIVRAISON.

STYLE BYZANTIN.

STYLE GERMANIQUE (GOTHIQUE).

DIXIÈME LIVRAISON.

STYLE BYZANTIN.

STYLE GERMANIQUE (GOTHIQUE).

ONZIÈME LIVRAISON.

STYLE BYZANTIN.

STYLE GERMANIQUE (GOTHIQUE).

DOUZIÈME LIVRAISON.

STYLE BYZANTIN.

FIN DU DEUXIÈME VOLUME.

www.ingramcontent.com/pod-product-compliance
Ingram Content Group UK Ltd.
Pitfield, Milton Keynes, MK11 3LW, UK
UKHW021515260726
13993UKWH00004B/1674